KB075913

오롯한 글

글맛, 글씨맛

나는 한 글자의 세계

장세이 글

강병인 글씨

말맛을 일깨우는 단 한 글자

시월의 첫날, 다섯 해째 운영 중인 동네 책방의 책 판매 부수는 **딱** 두 권이다. 그중 한 권은 지인이 샀다. 판매 부수는 나날이, 다달이 **쑥** 줄어든다. 이러한 터라 책을 아껴 고르는 이를 보면 눈물겹고, 누구를 위해 책을 만드나 싶어 시름겹다. 혹 책에 겨라도 묻었나, 서가를 살필 때면 **후** 날숨이 길어진다. 그에 비해 그날 하루 동안 열린 온라인 채팅방은 열다섯 개, 주고받은 문장은 삼백마흔두 줄이다.

채팅방마다 말이 **확** 넘쳐 난다. 할 말은 많고 재치와 감각도 뽐내야 하니 '별다줄(별 걸 다 줄임)'한다. 치맥이나 불금은 이제 고유명사처럼 되었고, 생선(생일 선물), 버카충

(버스 카드 충전) 등 두 단어만 넘어가면 냉큼 줄인다. 꾸안꾸(꾸민 듯 안 꾸민 듯), 복세편살(복잡한 세상 편하게 살자)처럼 문구나 문장도 **팍** 줄이고, ㅇㅈ(인정)이나 ㄹㅇ(레알←Real←정말), JMT(존맛탱←매우 맛있다) 같이 우리말 첫소리나 첫소리 발음이 나는 영어 철자만 **똑** 딴다.

연일 자조 섞인 질문이 머릿속을 **빙** 맴돈다. 이처럼 책을 읽지 않고 글을 많이 쓰는 세대가 또 있을까. 선 위(on-line)에 살다가 영영 말을 잃지는 않을까. 채우지 않고 계속 뱉어 내기만 하는 언어는 잔바람에도 **팩** 쓰러질 텐데, '나가기' 단추만 누르면 찰나에 **뿅** 사라질 긴 소통의 역사처럼 돌아서면 잊힐 먼지 같은 글은 피로한 자취만 남길 텐데, 별걱정을 다한다. 선 위에서는 어름사니가 부럽지 않더니, 채팅방이나 이메일 글은 시원시원 파죽지세더니 선 밖에서의 말은 더디더디 지리멸렬한 이와 마주하면 '도처에 키보드 전사만 늘어나누나' 슬픈 진단을 **탕** 내린다. 그 전사 명부 맨 위의 제 이름을 보고는 더욱 처참해진다.

글맛과 말맛에 깊이를 더할 궁리를 하다 이태 전 『**후** 불어 꿀떡 먹고 **꺽!**』이라는 우리말 의성의태어 책을 썼다. 의성의태어는 말뜻과 말맛이 잘 살아 있는 우리말이다. 긴 뜻을 간명히 **꾹** 눌러 담은 데다 운율까지 흘러 입에 **착** 달라붙는다. 의성의태어는 진정 자연스럽고 자랑스러운, 되살려야 할 줄임말이다. 그중 단 한 음절에 삼라만상을 다 담은 한 글자 의성의태어는 단연 압권이다. 들어가거나 내밀거나 밀어 넣거나 뽑아내거나 빠지거나 터지거나 줄어들거나 없어지는 갖가지 상황이 **쑥** 한 글자에 **쏙** 들어간다. **둥** 하는 소리에 소원을 매단 풍등이 하늘 향해 저만치 떠오르는 풍경이 그려지고, **뚜** 한 마디에 봄 바다 금물결 따라 도다리쑥국 향기가 **솨** 밀려온다.

이 책에는 수평의 말, 수직의 말, 사선의 말, 만방의 말, 순환의 말, 정지의 말 등 여섯 개 갈래 아래 백열두 개의 한 글자 의성의태어를 담았다. 큰 갈래는 글과 글씨 모두 활개치도록 '말뜻의 방향성'을 기준으로 삼았다. 강병인 선생님의 붓끝에서 수평의 말은 **쫙** 팔 벌려 대지의 너비를 재고, 수직의 말은 높은 숨을 얻는다. 사선의 말은 **싹** 날이 섰고, 만방의 말은 사방팔방 아우른다. 순환의 말은 맴돌고 휘돌며, 정지의 말은 멈추거나 사라진다. 벼린 해석과 푸진 해학이 담긴 글씨는 온 획으로 너울춤을 추며 어느 순간 **쏙** 귓속말을 걸어 온다.

고유한 당신의 멋이 글과 말에도 살아나길 바라는 마음으로 다시 한 번 맛난 우리말 책을 썼다. 이 책이 우리글과 말의 웅숭깊은 맛을 되살리는 데 작지만 단단한 고임돌이 되길 바란다. 부디 한 글자 한 글자 찬찬히 **홉** 들이마셔 따듯이 **호** 내뱉기를.

시월 초아흐레 한글날을 앞두고 서울숲 옆 작은 책방에서
장세이

4장 만방의 말

5장 순환의 말

6장 정지의 말

1장

수평의 말

하 호 후

"**하**, 거참 대단하이!", "**하**, 이 노릇을 어쩐다!",
"**하**, 정말 말세야, 말세!" 이처럼 기쁘거나 걱정
스럽거나 한탄하는 문장 첫머리의 감탄사 **하**와
거리낌 없이 크게 웃을 때 쓰는 의성의태어 하하
는 일상에서 흔히 쓴다. 입김을 불 때의 **하**도 앞의
두 단어 못지않게 널리 쓰는데, 감탄사 **하**는 '아'
나 '야'로, 하하는 '허허'나 '껄껄'로 바꾸어 쓰거
나 굳이 쓰지 않아도 되지만, 입김을 불 때의 **하**는
좀 다르다. 언 손을 녹일 때, 창문을 닦거나 유리
에 뭔가 쓰고 싶을 때 애쓰지 않아도 절로 터져 나

온다.

세 단어를 뜻에 맞게 달리 발음해 보면 좀 웃기다. 같은 낱글자(의 반복)인데도 말에 싣는 감정에 따라 억양과 강세가 확연히 다르다. 감탄하는 **하**는 탄복의 깊이와 폭에 따라 소리의 기운도 다른데, 탄복이 클수록 소리도 커진다. 놀람이나 기쁨을 담을 때면 '캬'와 비슷한 어조를 띠며, 강호의 고수 앞에 무릎 꿇을 때처럼 고개를 쳐들어 우러르는 동작이 수반되곤 한다.

이에 비해 기가 찰 때 감탄사 **하**는 마음의 불편이 몸에도 고스란히 배는지 고개가 좌나 우로 꺾이는가 하면 소리에도 텁텁한 기운이 스민다. 그에 비해 거리낌 없이 크게 웃는 하하는 듣는 이의 속까지 시원해지도록 크고 호방하게 터트려야 제맛이 난다.

입김 불 때의 의성의태어 **하**는 앞의 두 단어와 달리 터뜨리거나 내뱉는 뜻을 가졌음에도 실제로는 소리를 입안에 가두어 고이게 한다. 더운 입김이 입 밖으로 새어 나가지 않도록 두 볼 안에 머금은 다음, **하**의 원뜻 그대로 소리를 동그마니 내어놓아야 한다.

이처럼 소리가 같아도 뜻에 따라 말의 온도도 달라지는데, 입김 불 때의 **하**는 언 손을 녹일 정도로 따숩다. 이 같은 온기는 히읗에서 비롯된다. 인체로 치면 머리와 같은 이응에 모자(ㅗ)를 씌워 정수리로 따스운 기운이 새어 나가는 걸 막는 닿소리(자음)가 바로 히읗이다. 히읗은 성대를 막거나 마찰시켜서 내는 후음, 우리말로 목구멍소리다. 목구멍에서 우러나온 진득한 깊이와 온전한 체온은 입김 불 때의 **하**에서 제대로 발현된다. 히읗이 온도를 높인다면 'ㅏ'는 그 온도를 지키는 보온재 역할을 하기에 온도의 지속성과 'ㅏ'의 길이는 비례한다.

하를 대체할 말로는 **호**가 있다. 둘의 차이는 발음할 때의
입 모양이다. **하**는 'ㅏ'라고 할 때처럼 '입을 크게 벌리고',
호는 'ㅗ'라고 할 때처럼 '입을 오므려 내밀고' 발음하는데,
이러한 입 모양이 **하, 호**의 뜻풀이에도 그대로 쓰여 있다는
점이 흥미롭다.

입김 불 때 쓰는 또 다른 의성의태어 **후**는 입김을 불긴 불되 그 목적이 무언가를 데우는 **하, 호**와 달리 대상을 한 김 식히거나 멀리 날려버린다는 점에서 다르다. 그래서인지 똑같은 입에서 나온 입김일진대 **후**의 온도는 **하, 호**에 비해 낮다. **하, 호**가 언 속을 녹인다면 **후**는 데인 손을 식힌다. 일이 고되거나 힘에 부칠 때 내쉬는 감탄사 **후**의 온도가 입김 불 때 **후**의 온도와 비슷하리라.

이 책의 모든 말이 그렇지만 **하**, **호**, **후**의 방향성은 뜻과 꼴에서 유추했다. 소리의 시점으로 치면 목구멍, 소리의 기운으로 치면 오장육부일 테니 만방의 말이 맞겠지만, 입김을 분다는 본뜻의 방향은 수평이 알맞다. 바람이 가로채기 전까지 입김은 입이 터진 방향으로만 나아가니. 미약하나마 찬 것을 데우고 더운 것을 식히는 **하**, **호**, **후**는 참 올곧은 말, 입김을 꼭 닮은 말이다.

+
이렇게 써야 제맛!

언 발에 오줌 누고 언 손에 호 하기!
오래가지 못할 미봉책을 빗댄 말. 언 발에 눈 오줌은 당장에는 따스할지 몰라도 오줌의 수분은 오히려 동상을 부추기는 한편 차가운 지린내를 남긴다. 언 손에 내뱉는 **호**도 다르지 않으니 미봉책 대신 만전책을 세우자, 권하는 말이다.

하가 가야 하가 온다!
"오는 말이 고와야 가는 말이 곱다"와 유사한 말로, 상대의 상처에 입김을 불어 따스하게 대하면 상대 또한 그에 상응하는 위로를 건넨다. "되로 주고 말로 받"는 요행을 바라기보다 먼저 선의와 호의를 베풂이 어떨는지. 세상만사 욕이 가면 욕이 오고, 꽃이 가면 꽃이 온다.

2장

수
직
의

말

꿰다 —

뿍 뽕 뽕

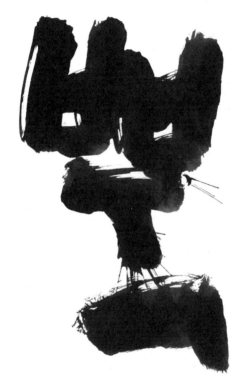

뿍은 방귀를 짧게 뀌는 소리로 이때 'ㅜ'는 아주 짧게 발음해야 제격이다. 윗입술과 아랫입술 사이로 작은 공기 방울을 터뜨리듯 재빨리 발음하면 그 소리가 정녕 입에서 나는 소리인지 스스로도 헷갈리고 어디선가 방귀 냄새가 스멀스멀 피어나는 듯도 하다. 참다 참다 똥을 지렸을 때 나는 소리와도 닮은 **뿍**은 '무언가 찢고 나올 때의 소리와 모양'이라는 **뿍**의 다른 뜻과도 잇닿는다. 하기야 방귀든 똥이든 엉덩짝 사이 야무지게 오므린 항문을 열거나 비집고, 혹은 찢고(?) 나오니 그럴 만도 하다.

뿍은 방귀보다 방귀의 경상도 사투리, 빵구가 더 잘 어울린다. 암만해도 자장면에서는 짜장 맛이 안 나고, 파마 말고 빠마라고 해야 컬이 제대로 나올 것 같지 않은가. **뿍**처럼 딱 방귀 소리를 뜻하지는 않지만 공기나 가스가 구멍으로 터져 나오는 소리를 이르는 의성어 **뽕, 뿡**도 방귀보다는 빵구랑 잘 어울린다.

방귀는 '음식물이 뱃속에서 발효되는 과정에서 생기어 항문으로 나오는 구린내 나는 무색의 기체'이니 뱃속에 갇혔던 방귀가 항문

으로 터져 나오는 소리를 **뿡**이나 **뿌웅**이라 해
도 무방하겠다. 하긴 그 유명한 방귀 대장 이
름도 '뿡뿡이'가 아니던가.

다만 **뿡**이나 **뿌웅**은 **뿍**과 달리 'ㅜ'를 길게 발음해야 더욱 실
감 난다. 소리 나는 대로 써 보면 '뽀오오오오옹', '뿌우우우
우웅' 정도가 적당한데, 정말이지 그런 방귀 소리를 종종
듣기도 한다. **뿍**은 잽싸게 치고 빠지는 방귀라 쿵 하고 물
건을 떨어뜨리거나 에헴 헛기침을 해 가릴 수 있지만, **뿡**이
나 **뿌웅**은 소리만큼이나 냄새의 여운 또한 길고 짙어 무엇으
로도 가리기 어렵다.

이 책의 글씨를 쓴 강병인은 『글씨 하나 피었네』
라는 캘리그래피 책을 낸 바 있는데, 하늘(봄, 비,
별, 달 등), 땅(꽃, 길, 돌, 섬 등), 사람(꿈, 끼, 맛, 말
등), 곧 천지인으로 갈래를 나누어 쉰여덟 개의 한
글자 우리말 글씨를 소개했다. 그중 엉덩짝(ㄸ)
사이로 떨어지는(ㄴ) 똥 덩어리(ㅇ)의 모습을 표
현한 '똥'은 특히 절묘했다.

어찌 보면 **뿍**의 첫소리(ㅃ)도 똥의 첫소리(ㄸ)만큼이나 엉

덩짝을 닮았다. 똥의 가운뎃소리(ㅗ)와 마찬가지로 아래로 떨어지는 상황에 어울리는 뿍의 가운뎃소리(ㅜ), 짧게 뀌는 방귀 소리에 걸맞도록 절도 있게 꺾이는 받침소리(ㄱ)도 뿍의 원뜻을 한껏 북돋운다. 뽕이나 뿡도 뜻과 모양이 뿍만큼이나 잘 맞아떨어진다. 뽕, 뿡의 받침소리(ㅇ)는 참으로 탁월한 선택이다. 보글보글 물방울이 솟아오르는 물속 방귀를 떠올리면 더욱 그러하다.

뿍이 잦으면 뽕 된다!
"방귀가 잦으면 똥 싼다"와 같은 뜻으로, 짧은 방귀를 자꾸 뀌다 보면 언젠가 제대로 발효된 방귀를 뀌게 되리라는 예언이다. 모든 일에는 기미가 있는데 한마디로 뿍은 뽕의 기미다. 하여 뿍 소리가 들리면 곧 이어질 뽕에 대비해 방귀를 뀌는 쪽이나 맡는 쪽이나 심신의 준비를 해야 한다.

이래도 뽕, 저래도 뽕!
엎으면 손등, 뒤집으면 손바닥이나 결국 모두 손이듯 뽕이나 뿡이나 모두 방귀 소리다. 이 말은 "오십보백보", "도긴개긴"처럼 별반 차이가 없음을 뽕과 뿡이라는 흥겨운 각운에 실어 전한다. 그 덕에 "이래도 흥, 저래도 흥!"처럼 실제 뜻과 달리 구성진 가락을 붙이고 싶도록 신명 난다.

똑 뚝

한 글자 의성의태어는 글자 수와 달리 여러 뜻을 가진 경우
가 많은데, **똑**과 **뚝**은 그중에서도 국가대표 격이다. 우선
똑은 무언가 떨어질 때, 부러지거나 끊어질 때, 두드릴 때
등 오만 데 두루 쓰이니 육류로 치면 쇠고기 같다. 머리부
터 꼬리까지 죄 버릴 데 없이 소머리국밥과 꼬리곰탕을 끓
여 먹듯 **똑**도 사방팔방, 만방에 쓰인다.

가령 이런 식이다. '다방 창가에 똑 떨어지는 빗방울 따라 찻잔 위에 물로 쓴 마지막 그 한마디, 눈물도 **똑** 떨어지고, 홀로 남아 둘 데 없는 손으로 애꿎은 성냥을 **똑** 부러뜨리고는 하릴없이 찻상을 **똑** 두드리다가 한참 만에 일어나 찻값을 치르려는데 아뿔싸! 돈이 **똑** 떨어졌네.'

마지막 **똑**은 앞선 네 개의 **똑**과 달리 하던 일을 갑자기 그치거나 무언가 다 써 버렸을 때 쓰는 의태어로, 앞선 **똑**과 의미의 방향성이 다소 다르기에 이번 장 말고 맨 마지막 장, 정지의 말에서 다시 다루기로 한다.

똑, 뚝은 곧 소개할 '둥' '붕'과 사뭇 대조적이다. 무언가가 떠오를 때의 모양을 담은 의태어 '둥' '붕'은 떠오르는 기간을 묘사하며 그 속도가 비교적 느긋한 데 비해 똑, 뚝은 떨어지기 시작한 때부터 멈춘 상태까지 단숨에 이른다. 즉 활발한 운동성을 지닌 말이다. 똑 떨어지는 대상이 눈물이냐 물방울이냐, 똑 떼

는 대상이 씨앗이냐 열매냐에 상관없이 똑에 걸리는 시간은 대략 0.5초다. 똑은 1초를 셀 때 쓰는 똑, 딱의 절반이니까.

똑의 큰말, 뚝은 똑에 비해 보다 큰 물체가 보다 느리게 떨어지는 말이다. 실제로도 뚝은 큰 물체나 물방울이 떨어진다는 뜻을 가졌다. 여기서 큰 물

체는 애호박이나 새똥이 아니라 늙은 호박이나 바위, 물방울로 치면 부슬비의 빗방울보다는 닭똥 같은 눈물이 어울린다. 만약 손가락뼈가 부러졌다면 **똑**, 허리뼈가 부러졌다면 **뚝**이 알맞다. 무언가 뗄 때도 그 대상이 앵두나 버찌라면 **똑**, 월급의 절반 혹은 동짓날 기나긴 밤 한허리라면 **뚝**이 온당하다.

앞발이면 똑! 뒷다리면 뚝!
뜻이 비슷하다 해도 대상이 다르면 쓰는 말도 달라야 한다. 꽃을 두고 훤칠하다거나 잎을 두고 후련하다고 하지 않듯이 한마디 말이라도 말의 주체와 표현하려는 바에 따라 적합한 말을 써야 상대의 이해가 빠르고 오해가 없다.

밥맛 똑! 술맛 뚝!
상당히 재수 없는 인사를 보면 속으로 되뇌는 말이다. 계절을 타거나 기운이 없어 떨어진 입맛은 계절이 바뀌고 기운이 나면 다시금 돌아온다. 한데 마음이 상해 떨어진 입맛은 쉬이 돌아오지 않으니 밥맛과 술맛을 떨어지게 하는 사람은 피하는 게 상책이다.

꽁 꿍 콩 쿵 퐁 풍

연달아 발음하면 동남아시아 쪽 어느 나라의 말 같기도 한 **꽁**, **꿍**, **콩**, **쿵**은 물건이 떨어지거나 부딪힐 때 나는 소리를 이르는 의성어다. 다만 떨어지거나 부딪히는 물건이 작고 가벼우냐 크고 무거우냐에 따라 쓰는 말이 다르다. 작은말 인 **꽁**, **콩**은 작고 가벼운 물건, **꽁**, **콩**의 큰말인 **꿍**, **쿵**은 크 고 무거운 물건의 소리다. 네 가지 말 모두 떨어지는 소리 인데 통상 부딪힐 때 더 많이 쓴다. '똑' '뚝'이 떨어지는 중, 곧 운동에너지가 큰 말이라면 **꽁**, **꿍**, **콩**, **쿵**은 부딪힌 순간 의 소리답게 충격에너지가 큰 말이다.

그에 비해 퐁, 풍은 부딪히는 소리라는 뜻은 따로 없고 오로지 떨어지는 소리만을 이른다. 퐁은 작고 무거운 물건이 얕은 물에, 풍은 크고 무거운 물건이 깊은 물에 떨어지는 소리다. 퐁이 돌멩이나 금쪽이 접시 물에 떨어졌을 때 나는 소리라면 돌덩이나 금덩이가 호수에 떨어졌을 때 나는 소리가 풍이다. 퐁과 이어지는 퐁당이 작고 단단한 물건이 얕은 물에, 풍과 이어지는 풍덩이 크고 무거운 물건이 깊은 물에 떨어지거나 빠질 때 나는 소리인 이유도 같은 맥락이다.

퐁당이나 찰랑찰랑, 오도독오도독처럼 주로 센홀소리(양성모음)를 쓰는 작은말은 작고, 가볍고, 밝고, 강한 말맛이 난다. 풍덩, 출렁출렁, 우두둑우두둑처럼 주로 여린홀소리(음성모음)를 쓰는 큰말은 크고, 무겁고, 어둡고, 약한 말맛이 난다. 이처럼 큰말, 작은말을 구분

짓는 핵심 요소는 홀소리다. 센홀소리는 'ㅏ', 'ㅑ', 'ㅗ', 'ㅛ' 그리고 'ㅏ'와 'ㅗ'를 합친 'ㅘ', 그 외에 'ㅚ', 'ㅐ' 등이며, 밝고 산뜻한 말맛이 난다. **퐁**이나 퐁당의 어감이 산뜻한 이유다. 한편 여린홀소리는 'ㅓ', 'ㅕ', 'ㅜ', 'ㅠ', 'ㅔ', 'ㅖ', 'ㅝ', 'ㅟ' 등이며, 어둡고 큰 말맛이 난다. 그 외 어떤 홀소리와도 잘 어울리는 중성홀소리 'ㅣ'가 있다.

여하간 밝음과 어두움은 반대말이라 이해하기 쉬운데, 여린홀소리의 큰 어감에 대비되게 센홀소리는 작은 어감을 가질 줄 알았건만 어쩌자고 산뜻한 어감을 가졌을까. 게다가 양성모음이나 음성모음의 우리말 표현이 없던 시절, 양수가 큰 수라는 수학 지식이 가미되면서 양성모음이 들어간 말을 큰말로 여기는 건 수십 년 된 오랜 혼동이다.

혼동을 바로잡으려면 거슬러 한글 모음의 제자 원리를 살펴야 한다. 한글 모음은 'ㆍ(하늘)', 'ㅡ(땅)', 'ㅣ(사람)', 이렇듯 자연의 일부인 천지인 모양을 본뜬 세 개의 기본 요소를 합쳐 만들었다. 해가 뜨는 동쪽에 하늘이 있거나(ㅏ), 땅 위에 하늘이 있으면(ㅗ) 응당 밝고 산뜻할 테니 양성모음이라 할 만하고, 대개 드러난 양지가 숨은 음지보다 작은 법이니 양성모음을 쓰면 작은말이라 하는 것이 온당하다(며 다시 애써 외운다).

꿍 차 봐야 네 발만 쿵!
"계란으로 바위 치기"와 대척점에 있는 말로, 안 될 일은 어차피 안 되니 엄한 데 힘쓰지 말고 가당한 데 애쓰라는 말이다. 때로는 계란으로 바위를 치는 호기도 필요하지만, 계란이 바위 되기를 기다리는 일처럼 가능성 없는 일도 존재한다. 멀쩡한 뼈를 깎은들 누구나 황진이가 되지 않고, 백성을 불쌍히 여긴들 누구나 세종이 되는 것은 아니지 않던가.

어여 우유에 조리퐁 퐁 말자!
여린홀소리(음성모음) 중 앞선 다섯 개의 홀소리(ㅓ, ㅕ, ㅜ, ㅠ, ㅔ)를 외우려 만든 문장으로 왜 그런지 모르게 자꾸만 헷갈린다. '태정태세문단세예성연중인명선……' 같은 문장으로 끝까지 외우지 못해 읊다 보면 항상 뒤가 흐려진다.

둥 붕

둥도 '똑'처럼 명함이 여러 개다. 큰북을 두드리는 소리를 뜻하는 의성어이며 공중에 떠오른 모양을 이르는 의태어이자 무슨 일을 하는 듯 마는 듯하다는 뜻의 의존명사이기도 하다. 쓰임새 많은 **둥**처럼 둥둥도 **둥**과 같은 뜻의 의성어, 의태어이자 어린아이를 어를 때 쓰는 감탄사이기도 하다. 다만 **둥**은 '똑' '뚝'처럼 아래에서 위로 떠오르는 중이라는 느낌이 강한다면, 둥둥은 떠오른 무언가가 떠다니는 중이라는 인상이 짙다.

이러나저러나 **둥**과 둥둥은 대가족으로, 의성어

둥은 두리둥둥, 의태어 **둥**은 둥둥과 둥실, 두둥실,
감탄사 **둥**은 어화둥둥, 얼싸둥둥과 한 핏줄이다.
아무 일도 안 하고 논다는 뜻의 의태어 빈둥빈둥
도 감탄사 **둥**과 일가친척으로 보인다.

붕은 **둥**과 비슷하게 공중에 들리는 모양을 담은 의태어다. 가운뎃소리(ㅜ)도 똑같다. **둥**, **붕**의 'ㅜ'는 1장 맨 처음에 소개한 '하' '호'처럼 긴소리로 발음해야 뜻에 걸맞은데, 떠오르는 속도가 느릴수록 길게 말해야 말맛이 난다.

하지만 **둥**, **붕**은 첫소리(ㄷ, ㅂ)만큼이나 뜻도 조금 다르다. **둥**이 떠오르는 대상을 '기구나 풍선 따위'로 한정한 데 비해 **붕**은 형태상 좌우대칭을 이루는 첫소리(ㅂ)의 균형감 덕분인지 '무엇이든 띄워 드릴게요'라는 서비스 정신을 발휘해 대상을 가두지 않는다. 몸이 **붕** 뜰 수도, 수억 원이 **붕** 사라질 수도 있다. 단 수억 원을 날릴 때는 무엇이 허망하게 없어져 버린 모양이라는 **붕**의 다른 뜻이 쓰이며, 이 말은 마지막 장에서 다시 다룬다.

둥, **붕**은 글자의 형태 자체도 첫소리(ㄷ, ㅂ)가 받침소리(ㅇ)를 대롱대롱 매단 모습이다. 뜻 그대로 **둥**, **붕**이 실제 공중으로 떠오른다면 첫소리(ㄷ, ㅂ)는 열기구의 풍선 부분, 가운뎃소리(ㅜ)의 세로획은 긴 줄, 받침소리(ㅇ)는 그 줄에 매달린 무엇에 해당한다. 바람 불어 줄이 춤추면 줄 따라 이응도 둥둥 떠다닐 테지. 그러고 보니 디귿(ㄷ)은 오른쪽으로 아가리 벌린 채 날아가는 새대가리, 비읍(ㅂ)은 하늘 향해 아가리 벌린 채 날아오르는 새대가리 같다(고 우겨 본다).

+
이렇게 써야 제맛!

새 발에 둥!
피도 얼마 없는 가느다란
새 발에 매달렸으나 그 덕에
둥은 한껏 날아오른다.
새 또한 잘 뜨는 **둥**을
매달아 날기가 한결
수월하다. 이처럼 함께하면
서로에게 도움이 되는
관계를 이를 때 쓰기 좋은
말이(지만 도통 쓸 일이
없어 안타깝)다.

둥에 붙었다, 붕에 붙었다!
둥이나 **붕**이나 별 차이가
없는 데도 제 잇속을 따져
가며 이편저편으로 가벼이
몸을 옮기는 이를 나무라는
말이다. 이런 사람과는
새 발에 **둥** 같은 관계를
맺기 어려울 테다.

51

3장

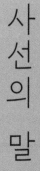

사선의 말

한글 닿소리와 홀소리는 소리가 만들어지는
기관에 따라 입술소리와 혓바닥소리, 목구멍
소리 등으로 구분하는데, 시옷은 윗니의 뒷
부분이나 윗잇몸에 혀끝을 대야 소리가 나
는 혀끝소리다. (쌍)디귿과 티읕도 같은 혀끝
소리로 혀끝이 윗니와 아랫니 사이에 닿았다
떨어지는 데 비해 시옷은 혀끝이 이에 닿지
않은 채 윗니와 아랫니 사이로 소리가 새어
나온다. 실제 시옷의 '시'나 시옷에 'ㅡ'를 더
한 '스'를 발음하면 어디선가 스산한 바람 소

리가 들려온다. 소리에 힘을 실을수록 바람
에 스미는 쇳소리도 커진다.

사랑이라 말하면 문득 칼춤 소리가 들린다던
한 시인의 말처럼 시옷은 금속성을 가진다.
실제 '사'를 느긋이 길게 발음하면 어설피 칼
이 제 집을 빠져나오는 소리, 살모사가 모래
밭을 스치는 소리가 들린다. '사'에 받침소리
기역을 더해 **삭**이라 하면 쇳소리는 더 날카
로워진다.

'베다'는 날이 있는 물건으로 자르
거나 가르거나 끊거나 상처를 낸다
는 뜻이고, **삭**은 칼이나 가위로 종
이나 헝겊 등을 거침없이 단번에 벨
때, 곧 자르거나 가르거나 끊거나
상처를 낼 때 쓰는 의성의태어다.
우물쭈물 망설이지 않고 일도양단,
단칼에 두 동강을 내는 **삭**의 뜻을 곱
씹으면 괜스레 칼끝에 손끝이 베일
까 선뜩해지기도 한다. 한 번 가르
고 한숨 쉬어가는 가윗날의 '사악,

사악' 소리 끝에 악 소리를 지른 기
억도 되살아나고.

한데 **삭**은 왜 **삭**일까. 칼이나 가위로 무언가를 베
고 자를 때 나는 소리에 귀 기울이니 정말 '각'도
아니고 '낙'도 아니고 **삭** 혹은 **싹** 소리가 나긴 난

다. 칼이라는 가늘고 얇고 날 선 도구에는 역시 시
옷이 잘 어울린다.

시옷은 두 개의 사선이 갈라지는 모양으로,
열린 지퍼나 세로로 긴 종이 가운데를 찢다
그대로 뒤집으면 바로 시옷이 된다. 특히 **삭**
의 첫소리(ㅅ)는 양쪽 사선으로 벨 때의 칼의
움직임을 옮겨 놓은 듯 보이고, 받침소리(ㄱ)
는 시옷의 쇳소리를 약화시키면서 동시에 베
는 행위가 끝났음을 알리는 마침표 역할을
한다. 재빨리 **삭** 하든 천천히 '사악' 하든 **삭**이
지나간 자리에는 가늘고 선명한 자국이 남
는다.

+
이렇게 써야 제맛!

사 지나간 자리에 삭이 남는다!

여기서 말하는 사(巳)는 뱀이다. 뱀이 지나가면 뱀 소리가 난다는 의미로, 모든 사물은 저마다의 용적과 지위에 따라 그 자취 또한 달라진다. 우연이든 필연이든 주체와 자취에는 언어의 유사성이 존재한다는 사실을 넌지시 알리는 말이다.

모기 보고 싹!

작은 곤충을 상대로 칼을 드는 것과 같이 격한 반응이나 지나친 준비는 볼썽사납다. 모기 보고 놀란 가슴 하루살이 보고 경기하는 이유는 모기나 하루살이와 상관없이 이를 바라보는 사람이 경직돼 있기 때문이다. 긴장을 풀고 여유를 가지면 '모기가 나니 여름이로구나' 하며 만사 느긋해진다.

깩 끽 뺙 뼉

50여 미터 공중에 있는 집에 사는 터라 1층 지상부 소리는 아주 높거나 큰 소리만 모스 부호처럼 띄엄띄엄 들리는데, 나른한 주말 아침이면 알람 대신 **깩**, **뺙** 소리에 깨곤 한다. 뭔 일인가 싶어 주위를 물리고 귀를 쫑긋하면 "지금 말 다 했어? 다 했냐니까?", "당장 차 빼!" 같이 단호한 문장이 들린다. 베란다 문을 열기 전까지는 열렬한 문장의 마지막 음절 '까'와 '빼'가 변형된 **깩**, **뺙**만 들렸던 게다.

"거 (늦)잠 좀 잡시다!"는 이웃의 우렁찬 경고에도 단단히 화가 난 그들은 "너나 조용히 해!"라고 응수해 싸움을 중심 기압 985헥토파스칼의 13호

태풍 링링급으로 키우기도 한다. 바다를 만난 열대저기압처럼 성난 목청이 더욱 강력해지는 이유는 그들이 전하려는 바가 말의 내용이 아니라 감정이기 때문이다. 상대가 정말 말을 다 했는지 궁금한 게 아니라 새파랗게 어린놈이 "나잇값 좀 하라"는 말까지 할 수 있다는 사실에 퍽 놀랐고, 버젓이 기어를 주차에 놓은 채 한 시간째 연락 두절이다가 "제가 지금 나가야 하는데 차 좀 빼 주시겠어요?"라고 점잖게 말했음에도 미안한 기색도 없이 "거기 가려면 두 시간은 걸리는데"라며 혼잣말인지 반말인지 뇌까리는 상대 운전자에게 충격을 받았기 때문이다.

깩, 끽은 이처럼 놀라거나 충격을 받았을 때 새되게 지르는 의성어다. 새된 소리는 높고 날카로운 소리로 주택가에 자주 출몰하는 직박구리 울음소리를 연상하면 딱이다. **빽, 삑**도 **깩, 끽**처럼 새된 소리를 이르는 의성어이나 그 주체가 '새, 사람, 기적 따위'로 보다 구체적이다. **빽, 삑** 소리를 고래고래 잘 지른다면 새소리나 기적 소리 모사에도 분명 재능이 있을 테다.

모두 날카로운 소리를 뜻하는 **깩**, **끽**, **빽**, **삑**과 닮은 말도 뜻이 엇비슷하다. **깩**과 닮은 '꽥'은 목청을 높여 내지르는 소리고, **끽**과 혼동하기 쉬운 '끼익'은 차가 갑자기 멈추면서 내는 소리다. **빽**에서 받침소리를 뺀 '빼'는 피리나 호드기(일종의 풀피리) 소리이고, **삑**에서 받침소리를 뺀 '삐'도 신호음 소리다. 모두 듣는 순간 어깨가 올라가고 눈을 찡그리며 귀를 막고 미간을 찌푸리게 하는 소리다.

　　깩, **끽**, **빽**, **삑**은 말은 말이되 칼처럼 상대의 마음을 삭 베기도 하는 날카로운 말이다. 칼이 된 말은 결국 자신에게도 상처를 남기니 가급적 쓰지 말자, 라고 쓰고 보니 어디선가 "너나 쓰지 말라니까!", "헛소리는 빼!"라는 **깩**, **빽** 소리가 들려온다.

+
이렇게 써야 제맛!

깩 하면 지는 것!

요즘 유행하는 '부러우면
지는 것'이라는 문장을
변형한 말로 먼저 성내면
진다는 뜻이다. 화는 내기는
쉽지만 참기는 어렵다. 화를
몹시 많이 내 본 사람으로서
한마디 조언하자면 화도
화장처럼 지우는 게
중요하다. 화를 지우는
방법이 독서나 명상, 다도나
요가였다면 지금쯤 고승이
되었을 텐데, 하필 집필이라
시정작가가 되고 말았다.

깩 끽 빽 삑 높은음 키재기!

실제 중부지방에 사는
참나무과 육 형제가 낳은
도토리의 키를 재 보면
키가 제일 작은 도토리와
제일 큰 도토리의 키
차이가 1, 2센티미터를
넘지 않는다. 소리가 달라
봐야 **깩, 끽, 빽, 삑**은
모두 경범죄 처벌 대상의
고성이기는 매한가지이며,
자칫 소리 지르기가
습관이 되어 기내에서까지
그랬다간 옥방이 안방
될 수도 있다.

상상하건대, 징과 꽹과리를 섞어 만든 악기가 있다면 그 이름은 '쨍'이고, 그 악기의 기운은 내리쬐는 햇볕을 닮아 징처럼 웅장하고 꽹과리처럼 기운차리라. 의태어 **쨍**도 그런 말이다. 햇볕이 강하게 내리쬐는 모양을 담은 **쨍**은 장수의 칼이 엇갈리면서 나는 소리 같기도 한데, 마침 같은 음과 다른 뜻을 가진 의성어 **쨍**은 쇠붙이가 세게 부딪혀서 날카롭고 높게 울리는 소리다.

    쨍에서 파생된 '쨍하다'가 일상에서 어떻게 쓰이는지 살피면 **쨍**의 윤곽은 보다 선명해진다. "오늘 햇볕이 쨍하네"라고 말하는 계절은 주로 여름이다. 봄, 가을, 겨울 햇볕은 '따사롭다, 포근하다, 바르다, 맑다'고 할 때가 많다. 한편 사진이나 디자인 작업 의뢰인 중에 결과물을 '보다 쨍하게 해 달라'는 주문을 하는 사람이 종종 있는데, 이때의 '쨍하다'는 '색상이나 분위기를 좀 더 강력하고 선명하게 해 달라'로 해석되곤 한다. 해서 사진은 명암을 더욱 뚜렷하게 하고, 디자인 작업물은 선이나 색을 선명하고 강렬하게 다듬곤 한다. 이렇듯 '쨍하다'라는 말에도 강렬한 햇볕의 기운이 스며 있다.

쨍의 뜻풀이(햇볕 따위가 강하게 내리쬐는 모양)를 이루는 단어는 하나 같이 세다. '햇볕'은 그 자체로 온 우주를 밝히는 거대한 힘을 가진 자연물이고, '강하다(물리적인 힘이 세다)'와 '내리쬐다(볕 따위가 세차게 아래로 비치다)' 역시 힘찬 말이다. 햇볕은 때로 약하거나 어슴푸레 비칠 때도 있지만 **쨍**은 다르다. **쨍**은 장맛비가 그치면서 연일 흐렸던 날씨와 대비되도록 밝은 햇살이 세차게 들이찰 때 알맞다. 푸른 고추를 짙붉게 만드는 강렬

한 햇볕, 염소 뿔도 녹인다는 대서大暑에 내리
쬐는 햇볕의 모습이 바로 **쨍**이다.
쨍은 감탄사 '짠'처럼 놀래키는 재주도 있다.
노상 어두운 반지하 하수구 옆 쥐구멍에 든

한 줄기 빛을 떠올려 보라. 이때의 **쨍**은 이전에는 없다가 갑자기 나타난 광명이자 신의 눈부신 후광을 닮은 구원의 빛이다.

+

이렇게 써야 제맛!

쨍 하고 달 뜰 날!

한마디로 오지 않을 날을 뜻한다. 달빛은 햇빛과 달리 대체로 은은하고 때때로 교교하다. 어느 때, 어느 곳의 달도 **쨍**한 빛을 내지 않는다. 뽕밭이 푸른 바다가 될 날은 기다리면 올지도 모르나, 뽕나무에 버찌가 달릴 날은 영영 오지 않는다. 그처럼 기적과도 같은 순간에 쓰면 알맞다.

희망이 있으면 쨍도 있다!

"마음에 있으면 꿈에도 있다"는 멋진 속담을 변형한 말로, 진정 희망을 버리지 않으면 어두운 상황과 처지도 달라질 수 있다는 여지를 선사한다. 절망이 있으면 **쨍**이 있다, 빛이 있으면 **텅**이 있다 등 다채롭게 변신이 가능한 말이다.

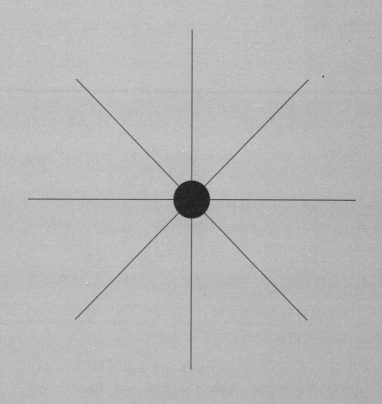

4장 만방의 말

트림하다 —   꺽 끅

말은 뜻에 따라 방향성을 가진다. 말에도 속내가
따로 있는데, 그 내밀한 의중을 세세히 살피면 비
로소 방향성이 보인다. '트림하다'는 방향성이 확
연히 그려지는 말이다. 트림은 음식이 잘 소화되
지 않을 때 입으로 복받쳐 나오는 가스이며, 이 트
림의 방향성은 '세차게 치밀어 오르다'는 뜻의 '복
받치다'가 결정한다. 한 번쯤 설움에 복받쳐 봤으
면 알 테다. 복받침이 폐부 깊숙한 곳에 맺힌 응어
리가 목구멍을 따라 수직 상승한 다음 기도에서
방향을 꺾어 수평으로 내달리다 눈물과 콧물로

수직 하강하는 일임을. 하여 트림하는 소리를 이르는 의성어 **꺽**과 **끅**은 수직과 수평의 방향성을 모두 가진다.

신기한 대목은 위에서 생성된 가스가 입에서 소리로 터져 나오기까지의 행로가 **꺽**의 꼴에 그대로 닮긴 점이다. 코끝이 왼쪽을 향하도록 섰을 때 소리의 행로는 기역 자 모양이다. **꺽**에 기역이 무려 세 개나 들어 있는 점도 예사롭지 않다. 크게 보면 **꺽** 자체가 큰 기역 자 모양이다. 순우리말로 된 의성어는 소리의 생성 원리나 소리의 형태를 똑 닮았다는 점에서 기역과 **꺽**의 관계는 점입가경, 침소봉대보다는 일맥상통, 종두득두와 어울린다.

트림하는 소리를 담은 한 글자 의성어에는 **끅**도 있다. **꺽**이 그냥 트림하는 소리라면 **끅**은 '거칠게' 트림하는 소리다. 뜻에 유념해 다시 발음하면 확실히 **끅**이 **꺽**보다 거칠다. 한글 홀소리의 세 가지 기본 요소 중 하나인 'ㅡ'는 발음할 때 입술을 둥글게 오므리지 않고 옆으로 길게 벌린 채(안둥근홀소리), 입을 조금 열어 혀의 위치를 높이고(높은홀소리), 혀의 정점이 입안 가운데 오

게(가온혀홀소리) 한다.

또 '一'가 높은홀소리인데 비해 'ㅓ'는 입을 크게 벌리고 혀의 위치를 가장 낮추어 소리를 낸다(낮은 홀소리). '一'와 'ㅓ'를 교대로 발음하면 두 홀소리의 소릿값 차이가 확연하다. **꺽**과 **꾹**도 번갈아 발음하면 **꺽**은 내쉬던 숨이 멎고, **꾹**은 들이쉬던 숨이 멎는다는 차이를 발견한다. 여하간 **꺽**과 **꾹**을 번

갈아 소리 내 보면 어느 순간 가래나 침이 고이곤 하니 미리 뱉을 데를 준비하길.

꺽과 **끅**은 막힌 속을 뚫어 주는 고마운 말이다. 위장에서 차오른 가스가 아무 소리도 내지 않고 사라진다고 상상해 보라. 남들 보기에는 깔끔할지 몰라도 본인은 꽤 답답할 테다. 모든 배출에는 소리가 따라야 한다. 스리슬쩍 넘어가는 일은 뒤가 구리고, 훗날 더 큰 뒷소리를 불러오지 않던가.

+

이렇게 써야 제맛!

꺽 소리 낸 놈이 성낸다.
기껏 잘 먹어놓고 소화가 안 된다고, 재료가 영 신선하지 않다는 둥 조미료를 과다 첨가했다는 둥 하면서 자신의 미련한 과식을 덮으려는 모습을 비꼬는 표현이다.

잘 먹어도 꺽! 못 먹어도 끅!
잘난 놈이나 못난 놈이나 먹고 싸기는 매한가지라는 뜻으로, 결국 사람은 먹으면 트림하는 존재라는 점에서는 별 차이가 없음을 향기롭게 알린다. 이때 **꺽**, **끅**을 실제 트림할 때처럼 실감 나게 발음하기가 핵심이다.

최태민이 후 불어 최순실이 꿀떡 먹고 정유라가 꺽!
대한민국을 제대로 말아먹으려던 파렴치 삼대의 만행을 표현한 문장이다. 더불어 국정농단사건에 조명이 비춰지면서 대중의 관심을 제대로 받지 못한 이 책의 부모 격『후 불어 꿀떡 먹고 꺽!』의 탄생 초기 고초를 위로하는 말이기도 하다.

'꺽' '끅' 못지않게 만방의 방향성을 가진 **칵**은 목구멍에 걸린 무언가를 빼내려 힘 있게 내뱉는 소리로 **캭**이나 **캑**도 비슷한 뜻이다. **칵**은 소리의 강도로 보아 그냥 침보다는 사나흘 묵은 가래침이나 목구멍에 단단히 걸린 가시, 길에서 노래 부르다 잘못 삼킨 모기, 몹시 귀에 거슬리는 소리 등을 내뱉을 때 하는 말이다.

　　발음하면 거센 숨소리가 나는 키읔은 무언가 목에 걸려 걸걸해진 목소리를 표현하기에 알맞은 닿소리다. 마침 키읔과 **칵**의 관계는 기역과 '꺽' '끅'처럼 글자의 형태 또한 구강과

기도의 구조를 드러낸 머리와 목의 횡단면 그림과 비슷하다. 다만 **캭**, **컄**, **컕**의 가운뎃소리(ㅏ, ㅑ, ㅒ)는 모두 내뱉는다는 뜻에 걸맞게 소리 또한 세로획을 기준으로 밖을 향하는 점이 '꺽' '끅'과 다르고도 흥미롭다.

캭이 목구멍에 걸린 무언가를 힘 있게 내뱉는다면 **컄**은 목구멍에 '깊이' 걸린 무언가를 내뱉으려 목구멍을 '좁혀서' 내는 소리고, **컕**은 그 무언가를 내뱉거나 목이 막혀서 목청에서 '간신히 짜내는' 소리다. **컄**, **컕**은 목구멍에 무언가 단단히 걸린 만큼 내뱉으려 할 때도 애쓰는 기색이 역력하다.

요컨대 목구멍에 걸린 무언가의 위험 수위가 가장 낮은 순으로 따지자면 **칵**>**컥**>**캑**이며, 듣기에 시원한 정도는 목에 걸린 정도의 세기와 반비례한다. **컥**이나 **캑**은 걸린 상태에서 계속 내뱉으려 용쓰는 데 비해 **칵**은 걸린 무언가가 밖으로 나갔거나 곧 나갈 듯 시원하고 힘찬 기운이 가득하다.

여기서 짚어야 할 또 한 가지 말, **퉤**가 있다. 침이나 입안에 든 것을 내뱉을 때의 **퉤**는 **컥**이나 **캭**, **캑**만큼 많이 쓰이나 자주 쓰이지 않길 바라는 말이다. 침이나 입안에 든 무엇을 꼭 내뱉어야 한다면 남 듣기 거슬리지 않도록 소리를 줄여야 하거늘 **퉤**는 만장하신 여러분 들으라는 듯 대체로 거센 소리를 내니 거슬릴 수밖에 없다. 특히 습관성 침 뱉기나 욕 대신 침 뱉기 등은 소리와 모양이 드센 **퉤**와 어울리는 짝이다.

퉤가 또 다른 짝을 만나면 세상에서 가장 듣기 싫은 말이 된다. 길에서 이 소리가 들리자마자 발걸음이 빨라진다. "캭, **퉤**!" 그 다음 이어지는 툭 소리에는 진저리를 치며 그 기억을 지울 주문을 왼다. "나중에 지옥 가면 길에 뱉은 침 도로 다 먹어야 하지롱!"

+
이렇게 써야 제맛!

칵 못해 캭 하면 캑 간다!
목에 걸린 무언가를 제때
제대로 **캭** 뱉어내지 못하면
캭캭거리다가 캑캑거릴 수
있다. 무슨 일이든 초장에
갈피를 잡지 않으면 일이
걷잡을 수 없이 커지거나
나빠지다가 원치 않은
결말을 맺을 수도 있음을
경고하는 말이다.

맞바람에 퉤 뱉기!
"누워서 침 뱉기"와 유사한
뜻으로, 시도 때도 없이
뱉고 싶은 대로 아무렇게나
침을 **퉤** 뱉다가 호되게
당할 날 오리라는 예언(같은
저주)이다. 실제 맞바람에
퉤 뱉는 모습을 현실에서
종종 목격하는데 자동차
운전석 문을 열고 있는
힘껏 **퉤** 뱉은 침이 뒷좌석
유리창에 떡하니 붙는
모습을 보면 몹시 후련하다.

토하다 —

꿱 왝 웩

높은음의 목소리로 큰 소리를 지른다는 뜻의, **깩**과 닮은 **꽥**은 구역질이 나 토한다는 다른 뜻도 가진다. 각박한 세상에 다들 부업까지 하는지 토한다는 뜻의, **꽥**과 같은 뜻을 가진 **왝**은 왜가리 우는 소리이기도 하다. **왝**은 '갑자기' 토한다는 점에서 그냥 토하는 **꽥**과 다르고, **웩**의 토는 '갑자기, 마구, 급히' 치밀어 오른다.

토의 격렬한 정도로 줄을 세우면 **꽥**>**왝**>**웩** 순일 텐데, 세 단어의 이중모음을 쪼개어 '꾸엑', '오액', '우엑'이라고 발음해 보면 더욱 실감 난다. '꾸엑', '오액'은 좀 낯설지만, 실제 비위가 상해 토할 듯한 상황에서 때로 '우엑'이라고 하지 않나. 한데 자꾸 '우엑 우엑' 하다 보면 목구멍에 걸린 무엇 이전에 목구멍 자체가 울컥 올라오는 느낌이 들고, 눈앞이 흐려질 정도로 있는 힘껏 말하면 목구멍이 혓바닥 위에 올라앉을 듯도 하다.

토는 단재 신채호 선생이 세수할 때처럼 허리 곧추세우고 꼿꼿한 자세로 하기 힘들다. 그러면 토가 잘 나오지 않는 데다 토사물이 턱을 타고 줄줄 흐를 테다. 제대로 된 토의 자세는 기우제를 지낼 때처럼 변기 앞에 경건히 무릎을 꿇은 채 두 손으로 변기 테두리를 붙잡고 변기 안에 얼굴과 머리의 경계선까지 밀어넣고 위의 울렁임에 맞춰 상체로 '물결 춤'을 추어야 한다. 이런 자세로 토를 제대로 하면 때로 대충 씹다 삼킨 고깃덩어리나 떡 덩이, 오징어나 문어 다리가 생전 모습 그대로 되나오기도 한다.

토의 묶음 상품, 눈물과 콧물까지 한바탕 쏟고 나면 기운이 쑥 빠져 결국 화장실 바닥에 털썩 주저앉아 헛되이 보낸 어제를 반성하게 된다. 나아가 지난 한 달, 한 해, 암울했던

학창시절, 초년고생까지 떠올라 인생의 허무에 젖어 들 때
면 안쓰러운 얼굴로 턱 밑에 양은 대야를 받쳐 주며 부드럽
게 등을 쓸어 주던 외할머니 얼굴이 떠올라 다시 한번 울컥
한다.

위에 머물러야 할 위액이 식도 혹은 기도로 역류하는 쓸쓸함은 '다시는'으로 시작하는 굳은 다짐을 토사물과 함께 남긴다. 그만큼 토하는 상황은 유쾌하지 않다. 하지만 소화되지 않은 무언가를 억지로 받아들이기는 '꺽' '끅' 내뱉어야 할 트림을 안고 사는 일보다 더 큰 탈을 초래한다. 게우고 나면 한결 후련하다. 다시 속이 편해지면 또 급히 먹고 또 만취할 테지만. 그리하여 전국 수천만의 화장실에서는 오늘도 **꽥, 왝, 웩**의 돌림노래가 그치지 않겠지만.

+

이렇게 써야 제맛!

너나 웩 하세요!
불과 몇 년 전만 해도 사내 회식에는 절대 빠져서도 안 되고, 상사에게 받은 술잔은 반드시 비워야 하는 문화가 팽배했다. 요즘은 회식 대신 영화나 전시 관람을 하는 풍토가 널리 퍼졌으니 회식 때 억지로 술 권하는 상사에게 이리 속삭여도 무방하지 않으려나.

우물에 왝 하기!
만취해 인사불성이 되면 방금 먹은 안주가 그리운지 다시금 눈앞에 재현하곤 한다. 이 말은 제 먹을 물에 토할 만큼 정신없는 상태를 이르며, 누구도 탓할 수 없는 자신의 잘못을 스스로 탓하라는 금언이다.

흠 흑 홍

어떤 냄새를 맡거나 콧숨을 들이쉬는 상
황에 **흠**이라 한다. **흠**의 방향성은 얼핏
수평 같다. 글자도 딱 그렇게 생겼다. **흠**
의 가운뎃소리(ㅡ)는 가로로 뻗은 직선
이고 받침소리(ㅁ)도 네모반듯하다. 처
음 이 책의 갈래를 지을 때도 **흠**을 1장
'수평의 말'에 넣었다가 후에 4장 '만방
의 말'로 옮겼다. 콧숨을 내쉬고 들이쉬
는 콧구멍은 땅을 향하고, 들이쉰 냄새
가 닿는 곳은 오장육부일 테니 그편이

옳은 듯했다.

실제 길게 숨을 들이쉬면 작게라도 소리가 난다. 정말 **흠**과 비슷한 소리가 난다. 사방의 공기를 두 콧구멍으로 힘껏 빨아들이면 양쪽 콧방울은 가운데 코뼈 아래 연골에 달라붙을 듯 좁아진다. 소리 내지 않고 숨을 들이쉴 때와 달리 **흠** 소리

를 내면서 숨을 들이쉬면 보다 깊은숨이 쉬어지고, 깊은숨을 쉬면 **흠** 소리가 절로 커진다.

흠이 숨을 들이쉬는 말이라면 **흑**은 숨을 들이쉬고 내쉬는 말이다. **흑**은 모바일 채팅할 때도 자주 쓰는데, 정말 사람이 울 때 **흑** 소리가 날까. 동물은 자기 이름을 부르며 우는 경우가 많다. 개골개골·개굴개굴(개구리), 구구(비둘기), 귀뚤귀뚤(귀뚜라미), 기럭기럭(기러기), 깍깍(까마귀나 까치), 꾀꼴꾀꼴(꾀꼬리), 따옥따옥(따오기), 맴맴(매미), 맹꽁맹꽁(맹꽁이), 베짱베짱(베짱이), 부엉부엉(부엉이), 뻐꾹뻐꾹(뻐꾸기), 소쩍소쩍(소쩍새), 쓰름쓰름(쓰름매미) 등이 단서다. 그렇다면 사람도 사람사람, 인간인간 이렇게 울어야 할 텐데 염소나 양(매매), 솔개(비오비오), 고양이(야옹야옹), 참새(짹짹), 말(히힝히힝)처럼 자기 이름과는 다르게 우리는 **흑, 흑** 운다.

사람 울음소리는 동물과 달리 우는 이의 연령과 울음의 세기에 따라 표현이 세세하게 나뉜다. 종일 먹고 싸고 자는 아기는 이 모든 욕구를 울음으로 표현하기에

울음을 표현한 말도 다채롭다. 어린 순으로 따지면 응애(갓난아이), 으아·으앙(젖먹이), 앙·잉잉(어린아이) 순이고, 울음의 세기가 낮은 순으로 놓으면 목을 놓아 크게 우는 엉엉, 귀가 먹먹하게 울릴 정도로 크게 우는

왕, 소리를 마구 지르며 우는 애고대고, 목이 멜 만큼
요란하게 우는 꺼이꺼이 순이다.

몹시 슬프게 우는 애고지고, 여기에 흐느낌을 더
한 '으흐흑'과 거칠게 숨 쉬며 우는 **흑**은 애고지고
에 비해 슬픔은 몰라도 설움은 덜하지 않다. 서러
워서 울면 설움이 북받쳐서 그런가 이상하게 숨
쉬기가 어렵다. 따로 **흑** 소리를 내야 하는데, **흑**은
들숨, 날숨을 모두 아우르니 숨을 내쉬면서 울 때,
들이쉬면서 울 때 모두 어울린다.

흠과 반대로 코를 풀거나 콧김을 부는 의성어로 **흥**이 있
다. 흔히 쓰는 비웃거나 아니꼬울 때 쓰는 감탄사 **흥**과 다
른 말이다. 아기를 세수시키고 마지막에 엄지와 검지로 양
콧방울을 누르며 "**흥** 해, **흥**!" 할 때의 그 **흥**, 그럼 또 아이는
있는 콧물, 없는 콧물 다 짜내며 "**흥**! **흥**!" 할 때의 그 **흥**이
다. **흠**, **흑**, **흥** 중 소리나 모양을 흉내 내는 의성의태어의 역
할에 가장 충실한 말을 고르라면 단연 **흥**이다. 가족 중 누
가 코감기라도 걸릴라치면 온종일 집 안에 **흥**이 넘치지 않
던가.

흥 콧방귀 뀌다가
흥 콧방울 열린다!

"방귀가 잦으면 똥 싼다"
대용으로 쓰기 좋으며,
괜히 허풍 떨다가는 큰
낭패를 볼 수 있으니 이를
경계하라 이르는 말이다.
실제 콧방귀를 너무 세게
뀌면 코딱지나 콧물이
터져 나오는 민망한 일이
심심찮게 벌어진다.

흠 잡다 흑 하기!

겨 묻은 개가 똥 묻은 개를
보고 짖듯이, 남의 흠은
태산처럼 받아들이고
자신의 흠은 티끌처럼
여기다가는 그 과오의
화살이 언젠가 자신을
겨누어 오만 눈물 짜내며
흑, 흑 후회해도 뒤늦을
때가 많음을 일깨운다.

박 벅 북 쪽 쭉 찍

박 하면 제일 먼저 엄마 성姓이, 뒤이어 박과 식물과 그 식물로 만드는 바가지가 떠오른다. 그리고 갑자기 무언가 긁고, 문대고, 찢고 싶어진다. 가마솥의 누룽지를 박박 긁고, 돌머리에 헌 운동화를 박박 문대고, 늘 예상보다 많이 나온 카드 대금 고지서를 박박 찢던 순간의 쾌감이 떠오른다. 흔히 '박박'이라고 쓸 때가 많은데 한 글자 의성의태어 **박**도 같은 뜻이다.

  벅도 **박**처럼 '벅벅'의 형태로 긁고, 문대고, 찢을 때 두루 쓰는데 유독 긁을 때 많이 쓴다. 모기 물린 발바닥을 벅벅 긁고, 내 다리인 줄 알고 남의 다리도 벅벅 긁지 않나. **박, 벅**과 비슷하지만 주로 찢을 때, 그러니까 치맛단을 **북** 찢고, 한지를 북 찢고, 북어를 **북** 찢을 때 쓰는 **북**은 **박, 벅**과 달리 한 글자로도 많이 쓴다. 세 단어와 소리가 비슷한 영어 단어(bark, birk, book)가 있는데, 모두 '오!'oh!처럼 대륙을 초월해 쓰임새 많은 소리인가 보다.

박, **벅**처럼 종이나 천을 찢을 때도 쓰고, 줄이나 획을 그을 때도 쓰는 말로는 '족' '죽' '직'(jork, juke, zig)이 있다. '작'도 같은 뜻을 가졌으나 앞선 세 단어에 비하면 사용 빈도가 낮다. **박**, **벅**, **북**은 일상에서 '빡' '뻑' '뿍'의 사용 빈도

와 비등비등해 보이는데 '족' '죽' '직'은 **쪽**, **쭉**, **찍**이라 쓰는 경우가 많다. 아무래도 예사소리로는 차지 않는 성을 된소리로 채우나 보다.

쪽, **쭉**은 갖가지로 쓴다. 쪽은 물건이 고르게 늘어선 모양(고무신이 **쪽**), 이어지는 모양(이 길 따라 **쪽**), 액체를 들이마시는 모양(식혜를 한 입에 **쪽**), 빠는 소리(홍삼액을 **쪽**), 펴거나 벌리는 모양(두 다리를 **쪽**), 갈라지거나 벗겨지는 모양(바닷길이 **쪽**), 액체가 모조리 빠지는 모양(대야의 물이 **쪽**), 물기나 살, 기운이 빠지는 모양(기름을 **쪽**, 살이 **쪽**), 입맞춤하는 소리(이마에 **쪽**), 윤곽이 매끈한 모양(선이 **쪽**), 산뜻하게 차려입은 모양(양복을 **쪽**)이라는 뜻이 있다. **쭉**도 쪽과 엇비슷하게 쓰며, 거침없이 말하는 모양(사정을 **쭉**), 훑어보는 모양(주위를 **쭉**), 같은 상태로 계속되는 모양(학교에 **쭉**) 등의 뜻을 가진다. 그에 비해 **찍**은 줄이나 획을 그을 때, 종이나 천 따위를 세게 찢

을 때 등 뜻이 달랑 두 개다. 아, 침 뱉을
때 혹은 미끄러질 때 쓰는 **찍**과 쥐나 새
가 울 때 쓰는 **찍**은 지금 다루는 **찍**과 소
리는 같고 뜻은 다르다.

긁고 문대고 찢는 행위는 모두 힘차다. 해서 **박, 벅, 북, 쪽,**
쭉, 찍도 정한 데 없이 천지사방 자유롭다. 박차고 나아가
벅차며 힘차게 북 치는 아이처럼!

박 옆에서 박 긁기!
박은 맛도 좋지만 속을
긁어내 바가지로도 쓴다.
바가지의 원재료인 박과
그 박을 긁는 박은 마침
소리가 같다. 대상과 그
대상의 쓰임과 관련된 말의
소리가 같다는 사실은
언어의 우연성과 신비성을
되짚게 한다.

쪽 한다고 입술 닳고
쭉 한다고 집을 살까!
절대 일어나지 않을 일을
뜻한다. 현재 이 땅에서는
아무리 일해도 집 한 채
마련하기가 뽀뽀해서
입술 닳기만큼 어려운,
아니 거의 불가능한
일이다. 청년 구직난, 중년
실업난까지 더해져 더욱
빡빡한 세태를 자조적으로
표현한 말이다.

찌르다 박다 찍다 ㅡ   **콕 쿡**

닿소리 기역은 여린입천장(연구개)에서 소리
가 나며, 혀뿌리로 날숨을 막았다가 터트리
듯 소리를 내는 터짐소리(파열음)다. 때로 '국
물'을 발음할 때처럼 이어지는 글자의 첫소
리에 따라 울림소리(궁물)로 바뀌기도 하지
만, 낱글자 또는 한 단어의 마지막 음절의 받
침소리로 쓸 때는 울림 없이 각진 말이다. 기
역의 거센소리이자 기역에 가로획을 더한 키
읔도 기역과 마찬가지로 여린입천장소리이
며 터짐소리다.

이러한 키읔을 첫소리로, 기역을 받침소리로 쓰는 **콕**, **쿡**에서도 거칠게 디밀고 각지게 끝 맺는 소리가 난다. 둘 다 찌르고, 박고, 찍는 모양을 이르는 의태어로 **콕**은 '작게 또는 야 무지게', **쿡**은 '크게 또는 깊이' 등으로 태도 가 다르다.

콕, **쿡**의 뜻을 이루는 '찌르다'는 들이밀거나 꽂아 넣고, '박 다'는 꽂거나 들여넣고, '찍다'는 내리치거나 찌르거나 뚫 는다. 모두 주먹보다는 손가락, 망치보다는 송곳이 어울리 는 말이다.

일상에서 흔히 쓰는 **콕**은 사발면 뚜껑 에도 **콕** 박혀 있다. 한 식품회사에서 출 시한 사발면 연작 이름은 아예 '콕콕콕' 인데 뚜껑에 표시된 여러 개의 동그라 미 모양을 젓가락으로 **콕** 찔러 물을 따 라낸 후 수프를 넣어 비벼 먹는다. **콕**은 족집게 강의 제목에도 쓰고, 고객의 취 향이나 연령에 맞춤한 여행 상품 이름 에도 자주 등장한다. "입조차 열고 싶지 않다. 호텔에서 나 홀로 **콕**! 호콕 즐기는

2030", "손흥민, 태극기 든 팬 **콕** 집어 유 니폼 선물", "트럼프, NYT **콕** 찍어 '국민 의 적', NYT '폭군' 거론하며 반박" 등 숱 한 기사 제목에도 **콕**이 **콕** 박혀 있다.

콕은 옆구리를 찌를 때도 많이 쓰는데, 이러 한 행동을 이르는 영어 단어가 있다. 왠지 귀 에 익은 말, 넛지Nudge다. 팔꿈치 등으로 슬 쩍 찌르는 행위를 이르는 이 말은 10여 년 전 출간되었다가 공저자 중 한 명이 2017년에 노벨경제학상을 수상하면서 다시 인기를 끈 책 제목이기도 하다. 이 책에서 넛지는 '부드 럽게 권하다'는 뜻으로 쓰인다. 두 저자는 넛 지를 자유를 띤 개입이라 정의하고 대중의 행동을 변화시키는 묘안을 제시한다. 한마디 로 넛지 역시 옆구리를 **콕** 찌르는 의도와 같 은 물길에 있다.

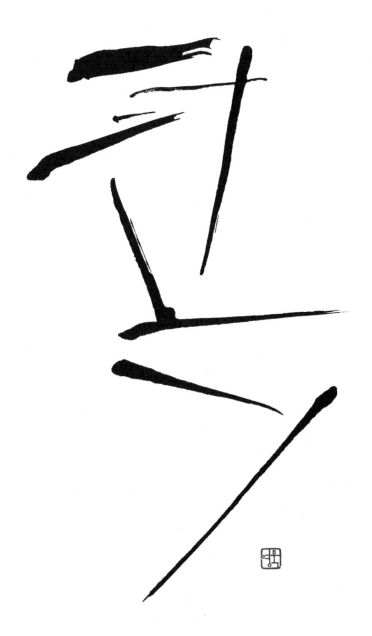

여기서 잠깐! 소외된 로버트 **쿡**, 아니 **쿡**을 데려오자. 머리는 **콕** 쥐어박고 아랫배는 **쿡** 쑤신다. 이때의 **쿡**은 야무지게 힘주어 누르거나 죄는 모양을 뜻하는 의태어 '꾹'과 비슷하다. 슬쩍 찌르고 재빨리 빠질 때는 **콕**이, 은근하고 깊이 찌를 때는 **쿡**이 어울린다. "같이 살아 볼래?" 할 때는 옆구리 **콕** 찌르고, "그만 살아 볼래?" 할 때는 도장 **쿡** 찍으면 된다.

이렇게 써야 제맛!

콕 찔러 토 받기!

상대방의 옆구리를 **콕**
찌른다고 반드시 원하는
답이 나오지는 않는다.
상대방의 속이 불편하다면
참던 방귀나 트림, 토를
유발할지도 모른다. 시기가
그릇된 개입은 잘못된
결과를 초래한다는 사실을
생생하게 이르는 말이다.

콕이 쿡이냐!

여기서 콕(coke)은
청량음료의 일종이고,
쿡(cook)은 '요리하다'를
뜻한다. 한마디로 '그게
말이냐'와 같은 뜻으로 **콕,
쿡**의 말맛이 잘 느껴진다.
영어로 'Cook coke?'(콜라
만들어?) 하고 물어도
제 뜻과 말맛을 전하는 데
부족함이 없다.

들어가거나 내밀다, 올라가거나 내려가다 ─   **쏙 쑥**

'쪽'과 '쭉'은 각각 열 개가 넘는 뜻을 가진 '팔방미어'八方美
語다. 쏙과 쑥도 만만치 않다. 모두 '뜻부자'다. 안으로 들어
가거나 밖으로 내미는 모양(허리가 **쏙**, **쑥**), 밀어넣거나 뽑
아내는 모양(배추를 **쏙**, **쑥**), 대번에 빠지거나 터지는 모양
(눈물이 **쏙**, **쑥**), 기운이나 살이 줄어든 모양(힘이 **쏙**, **쑥**), 어
떤 일에 제외되거나 참여하지 않는 모양(한발 뒤로 **쏙**, **쑥**),
때가 깨끗이 없어지는 모양(얼룩이 **쏙**, **쑥**), 거리낌 없이 경
솔하게 말하는 모양(대화에 **쏙**, **쑥**), 옷차림이나 몸매가 매
끈한 모양(한복을 **쏙**, **쑥**), 갑자기 정신이 확 나가는 모양
(얼이 **쏙**, **쑥**) 등 아홉 개의 뜻은 공통이고, **쏙**은 다음 네 개

의 뜻, 기억이나 인상이 아주 선명하게 새겨지는 모양(머리에 쏙), 어떤 것에 매우 탐닉하는 모양(수영에 쏙), 마음에 꼭 드는 모양(마음에 쏙) 생김새나 차림새 따위가 꼭 닮은 모양(엄마를 쏙),을 보태 모두 열세 개의 뜻을 가진다. 쑥만 가진 뜻으로는 갑자기 올라가거나 내려가는 모양(기량이 쑥), 앞으로 나아가거나 앞에 불쑥 나타나는 모양(갑자기 쑥) 등이 있어 쑥도 총 열한 개의 뜻을 가진다.

뜻이 많은 말은 많지만 이토록 모든 뜻이 고루 잘 쓰이는 말은 드물다. 들어가다와 내밀다, 밀어넣거나 뽑아내다 같이 상반된 뜻에도 쏙 들어맞고, 빠지거나 터지거나 줄어들거나 제외되거나 없어질 때도 두루 쓰이니 말이다. 그러고 보니 쏙, 쑥은 각각 소리는 같고 뜻이 다른 생명체의 특성과도 닮았다.

갯벌에 사는 절지동물 쏙은 긴 굴을 파 그 속에 쏙 들어가 살고, 사람은 그 쏙을 잡아다가 머리를 떼 내고 살만 쏙 빼먹곤 한다. 국화과에 속하는 쑥은 한 다발만 먹으면 곰도 사람으로 만드는 명약으로, 실제 약으로도 써 약쑥이라고도 부

른다. 국 끓여 먹고 떡 해 먹고 차로 끓여 일 년 내내 먹는다. 성인병 예방 3대 식품 중 하나고 몸의 습기와 냉기를 말리는 효능 덕에 여성병 치료에 두루 쓰이며 피를 맑게 한다. 오만 데 요긴한 풀이다.

한 글자 의성의태어를 살피며 깨닫는다. **쏙, 쑥**처럼 어디든 **쑥** 들어가 언제나 **쏙** 알맞은 말이 좋은 말임을. 긴말이 꼭 큰말이 아님을. 그래서 이 글을 이만 줄인다.

+
이렇게 써야 제맛!

쏙 빼고 쑥 찐다!
다이어트를 일생의 숙제라
여기는 외모지상주의의
허망함을 일깨우는 말이다.
뭐든 서서해야 뒤탈이
없다. 하여 **쏙** 빠진 살은 **쑥**
찌기도 쉽다. 그리고 나이
들면 안다. 허리 치수보다
중요한 것이 허리뼈의
골밀도임을.

**쏙은 쏙 들어가고 쑥은
쑥 자라난다!**
"박 옆에서 **박** 긁기"처럼
대상과 그 대상을 표현하는
의성의태어 사이의 언어
유사성과 그 절묘함을
담은 말이다. 맘마 찾다
엄마 찾고 아파하다 아빠
찾듯 닮은 말은 어차피
한 갈래에서 나왔음을
넌지시 일러 주기도 한다.

솨 쏴 쌩 씽

바람의 종류는 무한하다. 바람은 나날이 다달이 다르다. 강과 바다, 들녘과 계곡의 바람도 다르다. 바람의 방향과 강도도 저마다 다르다. 다종다양한 바람만큼 바람 이름도 가지각색이다. 가마 타고 쐬는 가맛바람, 살을 엘 듯 차가운 고추바람, 도리깨질하면 이는 도리깨바람, 부드러운 명주바람, 사납게 불어대는 미친바람, 갑자기 몰아치는 벼락바람, 그보다 더한 싹쓸바람, 이른 봄 살 속으로 스미는 소소리바람, 좁은 틈으로 거세게 부는 황소바람 등 귀에 선 바람도 많은데, 그렇다고 처음 맞는 바람도 아니다. 신바람, 춤바람, 치맛바람, 피바람에도 실제 바람이 이니 바람은 실로 무궁하다.

바람 부는 소리와 모양을 담은 의성의태어도 바
람의 수만큼은 아니지만 꽤 많고, 한 글자 의성의
태어도 여럿이다. 비에도 쓰고 바람과 파도에도
쓰는 **솨**, **쏴**는 틈 사이로 바람이 스치는 소리다.
틈 사이로 바람이 몰아쳐 불면 '쇄' '쐐', 틈이 아니
라 열린 데서 바람이 세차면 **쌩**, 그보다 바람이 더

세면 **씽**이다. 이 중 '쇄' '쒜'는 발음하기 어려워 그
런지 잘 안 쓰는데 **솨, 쏴**는 신나는 추임새로, **쌩,
씽**은 광고 문구나 상품 이름에도 넣을 만큼 자주
쓴다.

    솨, 쏴의 기운은 호방하다. 이 두 단어를 활자로 처음
접한 책은 신일숙 작가의 『아르미안의 네 딸들』로, 생
애 최고로 꼽는 만화책이다. 지금처럼 웹툰이 없던 때

라 책으로 된 만화를 주로 보았다. 멈춘 그림에 생동감을 더하려 만화책에는 동화책 못지않게 의성의태어가 자주 등장했다. 그중 **솨, 쏴**는 우측 상단에서 좌측 하단을 향해 그은 가파른 곡선 옆에 크게 쓰여 있곤 했는데, 주인공이 들판에 서서 거친 비바람을 맞거나 계곡에서 멱 감을 때 등장했던 듯 싶다.

　　　수많은 의성의태어처럼 **솨, 쏴**는 실제 바람 소리라기보다 바람의 기세와 분위기를 형상화한 말 같다. 하긴 초 단위로 바뀌는 바람 소리를 어찌 한낱 사람의 말에 가두련가. 지금 당장 들리는 문밖의 바람 소리만 해도 '우어이잉쿠아이후히힉'이니 말이다.

솨, 쏴는 바람 말고 물결에도 공히 쓰는데 바람이나 물이나 그 흐름을 막을 수 없고, 물은 바람을 따르기 때문이리라. **솨, 쏴**는 바람이나 물이 흘러가는 형상을 첫소리(ㅅ, ㅆ)와 가운뎃소리(ㅘ), 단 두 개에 담은, 진정 바람을 닮은 **솨**한 말이다.

쌩, 씽의 인상은 만화영화에서 단단해졌다. 재빨리 도망치는 주인공의 곧은 두 다리가 어느 순간 달리는 자동차 바퀴처럼 둥글게 변하다가 순간 아주 빨라지는 장면의 효과음으로 쌩, 씽이 등장했다. 받침소리(ㅇ)를 바퀴 삼은 말은 입 밖으로도 쌩, 씽 달려 나가곤 한다. 또 쌩, 씽은 절로 일어난 바람, 누군가 혹은 무언가 부러 일으킨 바람에도 쓴다.

창밖으로 성마른 가을이 낙엽 타고 쌩 지나간다. 곧 겨울 실은 바람이 씽 불어올 테지. 모든 순간, 쌩한 씽(生한 sing, 생생한 노래), 바람이 분다.

+
이렇게 써야 제맛!

그물에 걸리지 않는 쌩처럼!
바람은 무엇으로 가둘 수도, 거를 수도 없다. 자의든 타의든 평생직장을 거부하고 이십 대에 퇴사하고 삼십 대에 퇴직하는 풍토를 바람에 빗댄 말로, 자유를 갈망케 하는 부자유한 상황을 대변하기도 한다.

쌩 가다 씽 간다!
과속 금지를 유도하는 표어로 적당한 말. 도로뿐 아니라 일상과 인생 전반에도 적용 가능하다. 쌩 달려 나간 고급 스포츠카가 얼마 못 가 접촉사고를 낸 모습을 목격할 때, 방금 찬 혀로 내뱉는 혼잣말이기도 하다.

핑 퐁 획 휙 횡 핵

핑은 총알이 공기를 가르며 빠르게 지날 때, **퐁**은 총알이 가까이서 날아가며 날카롭게 지날 때 쓴다. 총을 맞으면 피가 나서 **핑**, 표가 나서 **퐁**인 줄 알았건만. 가까이서 들어본 적 없어 모르겠는데 총알이 공기를 스치며 지나가면 정말 **핑**, **퐁** 소리가 날까. 이따금 찾는 실내 사격장의 총알은 별다른 소리를 내지 않다가 작고 동그란 표적에 닿아서야 들릴 듯 말 듯 한 통 소리가 나는데.

해서 총소리 효과음을 찾아봤다. 총소리는 총알이 어딘가에 닿기 전까지는 크게 나누어 장전 소리, 발사 소리, 총알이 나

는 소리 등 세 가지 소리가 난다. 실탄이
나 탄창을 장전할 때는 쇠로 된 부속이
서로 맞부딪히며 철컥, 찰칵, 카메라 셔
터 소리와 비슷한 소리가 난다. 발사 소

리는 무언가 터져 나가는 소리로 굉음을
내며 질주하는 비행기 추진음을 닮았다.
'쿠앙, 투앙, 푸앙' 등 꽁지에 불붙은 모
습이 그려지는 소리다.

총알이 공중을 가를 때 나는 소리를 들어 보니 정말 **핑, 퓽**
소리가 들린다. 피읖은 두 입술 사이로 소리가 나는 입술소
리(양순음)이며, 폐에서 나온 공기를 일단 막았다가 터트리
는 터짐소리(파열음)다. 이때의 터짐은 화염과 함께 출격하
는 총알의 운동성과 닮았다. 재미난 점은 **핑**은 눈물이 맺힐
때, **퓽**은 고인 물에 물방울이 떨어질 때도 쓴다는 점이다.
총알 빗기는 소리와 눈물 맺히는 소리, 물방울 떨어지는 소
리가 어찌 닮았을까 곰곰이 짚어 보니 총알이 눈물방울 모
양이다.

한편 화살은 어린 시절 꽤나 들었던 나무 회초리와 비슷한
획, 휙 소리를 낸다. 속도가 초속 50미터 남짓한 화살보다
대여섯 곱절은 빠른 총알은 **획, 휙**처럼 겹홀소리(ㅚ, ㅟ)를
쓸 시간이 없어 **핑, 퓽** 나아가나 보다.

획, **횡**은 바람이 세차거나 빠르게 불 때도 쓰고 다른 때도 쓴다. 고개를 **획** 돌리는 걸 보면 확실히 빠르게 움직이는 모양이고, 소금을 **획** 뿌리는 걸 보면 세게 던지는 모양이고, 휘파람을 **획** 부는 모습은 언제나 신기하다. **횡**은 **횡**하다의 어근 **횡**과 소리는 유사하나 어딘가 기대 사는 **횡**과 달

리 독립성을 가진 말이다. 바람 소리에도 쓰고, 무언가 바람을 일으키며 빠르게 움직일 때도 쓰고, 대놓고 기계나 바퀴가 빠르게 돌아갈 때도 쓴다.

'확'은 '솨' '쏴' '쌩' '씽'과 달리 바람이 부는 소리가 아니라 바람이 (영향을) 끼치는 모양이다. 바람

자체보다 바람의 기세가 미치는 영향력을 아우르는 말이다. 그물에 걸리지 않는 바람, 뭇 생명을 살리고 죽이는 바람의 위력을 가진 '확'은 그래서 뭐든 덮쳐 버린다. '확'은 그 대상이 무엇이든 버둥거리게 한다. 확 덮친 화염에, 폭염에, 병마에, 때로 부끄러움에 당최 벗어나지 못하는 버둥거리는 주제에 때로 사람은 허풍선이가 된다. "이걸 확 그냥!" 하며 바람 흉내를 내며.

+
이렇게 써야 제맛!

인생은 핑퐁!

유수 같은 세월처럼 한 사람의 생도 총알처럼 빨리 흘러간다. 전통가요 제목으로도 어울릴 듯해 노랫말을 한번 지어 봤다. '세월은 유수로다. 흘러가면 못 잡으니. 사랑은 핑퐁이다. 주고받다 내려놓지. 인생은 **핑퐁**이다. 승자 패자 따로 없다.'

확 마 그냥 마!

고향 부산에서 성난 못난이들이 자주 하던 말이다. 한 대 치지도 못하면서 뭘 어찌 해보겠다는 듯 으름장을 놓는 모습은 어린 눈에도 우스워 보였다. 어찌할 바 모르면서 어찌 해보겠다고 깝죽거리는 모습을 지금은 나도 하니 문제다.

쓰러지다 —   팩 픽

초등학교(라고 하면 꼭 선배는 국졸 아니냐며 논점을 흐리는 초졸 후배가 떠올라) 아니 국민학교 시절, 매주 월요일 아침마다 전교 조회를 했다. 운동장 한가운데 1학년부터 6학년까지 학년별로 두 줄 나란히 서서 '에'만 안 해도 10분은 줄어들 듯한 교장 선생님의 긴 훈화를 들었다. 단조로운 어조의 훈화는 늘 도덕 교과서 한쪽을 찢어 읽는 양 올바르고 지루했다.

> "에, 이제 1학기가 시작되었습니다. 에, 겨울 방학이 끝난 지가 언젠데 아직도 늦잠 자느라 에, 지각하는 학생이 많습니다. 에, 문득 이런 시조가 떠오릅니다. 에, 동창이 밝았는데 노고지리 우짖는다. 에, 소를 칠 아이는 여태 아니 일어났느냐. 에, 고개 넘어 사래 긴 밭을 언제 갈려 하느냐. 에, 자고로 게으른 사람은 절대 훌륭한 사람이 못…"

"우리 집에 소 없는데요!" 누군가의 낮은 대꾸에 다들 키득거리면 방금까지 우리보다 더 지루한 표정이던 담임선생님이 다가와 "조용! 조용!" 큰소리친다. 한 방 터뜨린 그 학생은 "교장 샘, 조용하시라는데요!" 외치다가 결국 끌려 나가고, 교장 선생님의 훈화는 국민교육헌장과 겨루려는 듯 지루함의 수위를 한층 높인다. 발끝으로 두더지굴을 팠다가 덮었다가 '마이크야, 고장 나라! 소나기나 쏟아져라!' 기도할 때 서울서 온 전학생이 쓰러진다. 놀란 선생님은 전학생을 안고 양호실로 달려가고, 짐짓 안 놀란 척하던 교장 선생님도 급히 말을 마친다.

유난히 피부가 흰 전학생이 빈혈 환자라는 사실과 훈화가 길 때뿐 아니라 지루할 때도 쓰러진다는 설이 돌자 조회 때마다 전학생의 뒤통수를 주시하는 아이가 늘어났다. 누군가는 전학생에게 훈화가 시작되고 5분쯤 지나면 쓰러져 달라고 부탁해 보자 제안했다. 실제로는 아무도 부탁하지도 않았는데 전학생은 조회 때마다 세 시, 다섯 시, 일곱 시, 열한 시 방향으로 마구 쓰러졌다. 어느 월요일 아침, 지겨운 훈화가 정점에 달한 순간 문득 나도 모르게 전학생을 쳐다봤다. 순간, 그 마음을 읽었는지 전학생이 쓰러졌다. 픽! ㅆ. ㅠ~

팩, **픽** 쓰러지던 전학생은 얼마 안 가 다시 전학 갔다. 전학생이 지루한 훈화를 더는 견딜 수 없어 떠났다는 소문이 온 학교에 흉흉했고, 우리는 남은 학년 내내 그를 그리워했다. 전학생이 쓰러지던 모습은 수십 년이 지난 지금도 떠올리면 생생하다. 도미노 블록처럼 선 모습 그대로 옆으로 쓰러지던 그 모습은 훗날 IMF로 쓰러지던 아버지의 모습과 똑닮았었다. 더는 버틸 수 없어 중력에 기대려는 듯 맥없이, 덧없이 **팩**, **픽**!

+
이렇게 써야 제맛!

살구팩!
피부 미용에 좋은 팩 중에서
살구씨 가루로 만든 팩을
살구팩이라 한다. 살구는
'살고'의 입말이기도 하니
살구**팩**은 잘 살다가 결국
팩 쓰러져 떠나는 인생의
허무를 한 단어에 담으려 한
말로, 분명 산 적 없는데
누구나 가진 **팩**이다.

핑 돌다 픽 간다!
'살구**팩**'처럼 인간사
새옹지마를 뜻하며, 실제
말년의 한 어른에게
들은 말이다. 자신이
지구 자전축인 줄 알고
온 세상 기고만장 떠돌던
청년은 어데 가고 힘없는
말년이 되어 툭하면
눈물바람이라고. 이러다
결국 정신 잃어 핑 돌다가
한순간 **픽** 쓰러져 영영
일어나지 못하리라고.

어린 시절 **착**, **척**은 밥상머리에서 자주 들은 말이다. 배추를 100포기도 아니고 1,000포기씩 절이는 엄마에게 미안했던지 김장김치를 처음 맛보는 자리에서 삼촌은 "김치가 아주 입에 **착**, 그냥 **척** 달라붙네!" 큰 소리로 상찬했다. 일곱 살 아이는 '배춧잎이 입에 달라붙으면 못 삼키지 않나' 의문이 들었지만 그 말을 굳이 입 밖에 내지는 않았다. 곰살맞은 삼촌의 말에 기분 좋아진 엄마는 삼촌의 큰 밥술에 너른 배춧잎을 **착**, **척** 얹어 주곤 했다.

　　조금 더 자라서는 연인에게 '사랑해'보다 자주 들려주던 말이 **착**, **척**이다. 그는 유칼립투스 나무의

코알라처럼 어딘가 매달리기 좋아했다. 한여름 큰길에서도 "**착** 달라붙지 좀 마!"라고 큰소리쳐야 겨우 정신을 차렸다. 결국 헤어질 때도 유리병 밑바닥의 스티커 자국처럼 **착**, 머리칼에 뒤엉킨 껌처럼 **척** 엉겨 붙어 한동안 끈적한 자국을 지우느라 진땀을 뺐다.

더 자라서는 사방팔방의 팔불출 부모에게 **착**, **척**을 자주 들었다. "우리 애가 ○○대에 **착** 붙었잖아!", "졸업하고는 ○○은행에 **척** 붙었다네!" 자식 자랑에 신난 부모는 짐짓 평

온한 척 목소리를 **척** 깔았지만, 그들의 어깨는 이미 한껏
치켜 올라가 있었다.

이처럼 의태어 **착**은 무언가 달라붙을 때, 입맛에
딱 맞을 때 쓴다. **착**과 소리는 같고 뜻이 다른 또

다른 **착**은 휘거나 늘어진 모양, 분위기가 가라앉은 모양, 눈이나 목소리를 내리까는 모양 등을 이르는 의태어로 둘 다 퍽 자주 쓴다. 의태어 **척**도 앞선 **착**처럼 무언가 달라붙을 때, 입맛에 딱 맞을 때와 함께 시험에 붙을 때도 쓰는데, 그냥 붙은 게 아니라 어김없이 붙거나 예상대로 맞아떨어졌을 때 쓴다. '**척** 보면 압니다!', '큰돈을 **척** 내놓았습니다!'라고 할 때의 **척**은 또 다른 뜻의 의태어로, 한눈에 얼른 보는 모양, 서슴지 않고 선뜻 하는 모양 등을 이른다.

이 글에서 주로 다루는 **착**, **척**의 '달라붙다', '들러붙다'는 찰싹 붙다는 뜻으로, '붙다'에 끈기를 보탠 말이다. '붙다'에 뭔가 는적는적하고 끈적끈적한 기운을 강조하고 싶을 때면 앞에 '달라'나 '들러'를 붙인다. 해서 그냥 붙을 때는 탁, 턱 붙지만 달라붙을 때는 **착**, **척** 혹은 뒤이어 벌어지다는 뜻으로 소개할 '짝' '쩍'처럼 끈끈한 말을 불러온다.

어느 방향에서도 잘 들러붙는 **착**, **척**이 기운을 잃으면 **축** 늘어진다. 안팎으로 손 내밀어 (ㅏ, ㅓ) 들러붙다가 기운 빠져 혀 빼문(ㅜ) 모습이 **축**이다. '축축하다'의 젖은 기운마저 머금은 **축**을 사람에게 쓸 때는 끈기나 물기, 어떤 기운이 남아 있긴 하지만 그 기운을 낼 기운이 없는 상태라는 뜻이다. **축**이 달라붙은 신체 부위는 달리의 그림 속 시계처럼 녹아내린다. **축** 얘기하다 보니 덩달아 고개가 **축** 처지고 어깨가 **축** 처진다. 거울을 보니 볼도 **축** 처졌다. 아, 이건 **축** 탓이 아니군.

+
이렇게 써야 제맛!

착붙 착붙!
화장이 잘 먹었을 때 흔히
'착 붙었다'고 하는데
그 말을 줄여 '착붙'이라
한다. 마뜩찮은 줄임말이나
입에는 왜 또 착붙인지.
여하간 우편물 보내면서도
받는 쪽에서 돈을 내는
착불 표시를 착 붙였으면
하는 바람은 꼭 상대가
돈을 내는 상황이 아니라도
만사에 내 돈 나가는 일이
줄어들라는 기원이다.

축 늘어지기가 오뉴월
조청이로세!
엿 명인의 공방에 간 적이
있는데, 조청을 길게 늘이니
마당을 가로지르고 남았다.
실제 조청은 여름에 더 잘
늘어지지만, 봄의 나른함을
더해 오뉴월 조청이라고
표현했다. 늘어질 대로
늘어진 사람을 조청에
빗대 꾸짖는 말로, 동지 녘
엿처럼 단단해지라는 뜻이
숨어 있다.

벌어지다 들러붙다 —   **딱 떡 짝 쩍**

딱, **떡** 먹고 싶어지는 말. **딱**과 **떡**! 키가 큰 편이고 어깨도
남부럽지 않아 종종 '떡대 좋다'는 말을 듣는데, 들을 때마
다 몹시 거북하다. 체격이나 풍모가 좋다고 바꾸어 말하거
나 그냥 키나 신장이 크다고 하(거나 실은 아예 아무 말도
안 하)면 좋을 텐데. 커서 좋겠다고 하지만 불편한 점도 꽤
많다. 만원 버스나 지하철에서는 누군가의 정수리나 어깨
바로 위에 **딱** 콧구멍이 닿아 오묘한 머리 냄새나 소복한 눈
가루를 들이마시지 않으려 입으로 숨 쉬어야 한다. 가뜩이
나 '머리 조심' 문구를 보기 직전에 머리를 **딱** 부딪히는 데
다가 발에 **딱** 맞고 마음에도 **떡** 차는 신발 구하기도 여간

어려운 게 아니다.

딱, 떡은 앞선 문장에서처럼 마음에 차거나 몸에 잘 맞을 때 흔히 쓰는데, 갑자기 무언가 마주쳤을 때도 적당하다. 그 외에 굳세게 **딱, 떡** 버틸 때, '착' '척'처럼 무언가 **딱, 떡** 달라붙을 때와 **딱, 떡** 의젓하고 여유롭게 있을 때도 쓴다. 또 무언가 벌어졌을 때도 즐겨 쓰는데 주로 신체 부위가 그 대상이다. 어깨가 **딱, 떡** 벌어지고 입이 **딱**, **떡** 벌어지고 눈이 **딱**, **떡** 뜨인다.

짝, **쩍**도 벌어질 때 쓰는데 팔, 다리, 입과 눈 같은 신체 부위는 물론이고 인파, 물길, 과일이나 채소에도 어울린다. **짝**은 입맛 다실 때도 쓴다. 두 팔을 **짝**, **쩍** 벌려 수박을 **짝**, **쩍** 쪼개면 어느새 입맛이 **짝** 다셔진다. **짝**은 이어지는 글에도 등장하니 잠시 기다리며 입맛만 다시기를.

요즘 들어 어깨 축 처진 청년을 자주 본다. 분명
키도 크고 인물도 훤칠하고 영어도 잘하고 중국
어도 하고 청년 리더십 프로젝트에도 참여했고
잘나가는 회사의 인턴 생활도 했는데 어쩐 일인
지 활기도 없고 기백도 없다. 청춘의 푸름은 어데
가고 중년의 피로가 가득하다. 서른 해도 안 살았
는데 그 곱절은 산 듯 지친 기색이다.

그들에게 또 한 명의 장년으로서 들려주고 싶은
말은 "어깨 좀 **딱** 펴!"지만, 그런다고 정말 어깨가
펴진다면 세탁소 주인이 가장 좋아한다는 구기자
나무도 다리미로 펴지겠지. 세상이 바르고 투명
하면 모두의 굽은 등짝, 처진 어깨 다 펴질 텐데.
입이 **쩍** 벌어질 좋은 세상 만들어 보자, 그때까지
일단은 **떡** 버티자며 등을 도닥이고 어깨를 걸 수
밖에.

+

이렇게 써야 제맛!

궤짝 보고 짝, 꿀떡 먹고 떡!
사과 궤짝 보고 입맛만
다시는 모습과 꿀떡 맛에
놀라 입을 **떡** 벌린 상황을
비교, 무슨 일이든 겉돌기만
해서는 제대로 된 결실을
맺기 어려움을 말한다.
지금, 여기와 부딪혀야
보지 못한 사과가 아니라
입안의 떡을 맛본다.

내 나이가 어때서!
사람 하기 딱 좋은 나인데!
나이가 어떻든 사람답게
살아야 한다. 아동보험
가입자든 실버보험
가입자든 나잇값에 눌릴 게
아니라 그저 좋은 사람이
되는 일을 필생의 업으로
삼아야 함을 흥겨운
노랫말을 각색해 실었다.

짝 좍 쫙

바로 앞 단락에서 살짝 얼굴을 내밀었던 **짝**은 볶아 쓰고 무쳐 쓰고 삶아 쓴다. 의성의태어로도 널리 쓰고, 명사나 의존명사로도 쓴다. 의성의태어로는 줄 그을 때의 **짝**, 종이나 천을 찢을 때의 **짝**, 미끄러질 때의 **짝**, 혀 찰 때의 **짝**, 쪼개지거나 벌어질 때의 **짝**이 있다. 앞서 소개한 입이나 팔, 다리를 벌릴 때의 '딱' '떡' 대용으로도 쓰고, 또 앞서 소개한 무언가 달라붙을 때나 입맛에 딱 맞을 때의 '착' '척' 대용으로도 쓴다. 또 명사 **짝**은 한 쌍 중 하나를 이르며, 의존명사 **짝**은 '꼴' 대신으로도, 짐승의 갈비를 묶어 세는 단위로도 쓴다. **짝**은 진짜 한입으로 여러 말하는데, 아직 끝나지 않았

다. **짝**이 말┅과 짝을 이루면 소문이나 유언비어를 널리, **짝**
퍼뜨리는 힘을 가진다.

　　짝처럼 말을 퍼뜨리는 힘을 가진 말에는 **짝**과 소
리가 닮은 **좍**, **쫙**이 있다. 이 둘은 무언가 흩어져
퍼지는 모양이며, 액체가 갑자기 쏟아지거나 흘
러내릴 때의 소리와 모양, 말뿐 아니라 어떤 일이
나 행동이 이루어지는 모양도 이른다. 보태어 **쫙**
은 활짝 펴지거나 찢어지는 모양이다. '근거도 없
는 소문이 **좍**, **쫙** 퍼져 기자가 집 앞에 **좍**, **쫙** 깔렸

는데 갑자기 폭우가 **좍, 좍** 쏟아져 유리창에 빗물이 **좍, 좍** 흘러내리고 억울한 마음에 독한 술을 단숨에 **좍, 좍** 들이마시다 술 쏟은 마룻바닥에 미끄러져 다리를 **쫙** 찢은 유명인'도 있지 않을까.

'퍼지다'는 벌어지다, 붇다, 커지다, 늘어지다, 미치다, 늘다 등을 두루 안으며, 하나의 구심점이나 축을 중심으로 넓어진다는 의미다. **짝, 좍, 쫙**이 퍼진다는 뜻을 품으면 위아래와 양옆까지 물에 담근 미역처럼 마구 불어난다. **짝, 좍, 쫙**의 첫소리(ㅉ, ㅈ)에는 퍼지는 방향성이 고스란히 담긴다. 곧은 가로획과 양쪽으로 갈라지는 두 개의 사선에는 사방으로 번지는 기운이 자욱하다. 가운뎃소리(ㅏ, ㅘ)도 이 기운에 힘을 보탠다.

좋은 기운이 퍼지는 일은 환영할 일이다. 근검절약, 자연보호, 박애정신은 보다 더 널리 **좍** 퍼져야 한다. 한데 그보다는 악성 댓글, 가짜 뉴스, 허위 사실이 더 빠른 속도로 번진다. **짝** 쪼개 보면 고갱이 없이 쭉정이만 꽉 찬 헛소문이 바람 타고 내달린다. 가끔은 몹쓸 말 모두 모아 보자기로 **좍** 덮어 통째 내다 버리고 싶다. 그럼 쓰레기 무단 투기로 벌금형에 처해지겠지. 그럼 그 소문 **좍** 퍼지겠지.

말 갖다 버렸다는 말이 씨가 되어 천 리를 가고 천 냥 빚을 지겠지. 발 없는 말이 5G 통신망을 타겠지. 아, 말을 말자.

짝 퍼진 말 주워 담기!
"차라리 밑 빠진 독에 물을 채우라 하지" 소리가 절로 나올 말이다. 라면도 잘 퍼지고 짜장면도 잘 붙지만 말처럼 잘 퍼지고 붙는 게 또 있을까. 하니 매사 입조심, 말조심하라는 말이다.

이 짝, 그 짝, 저 짝!
뜻 많은 짝은 방향을 뜻하는 '쪽'의 사투리이자 '꼴'을 뜻하기도 한다. 어디로 갈지 갈피를 못 잡는 상황에서 애먼 길로 들어설 때처럼 말뜻을 제대로 알지 못한 채 마구 쓰다 보면 이 꼴, 저 꼴, 못 볼 꼴을 보기도 한다.

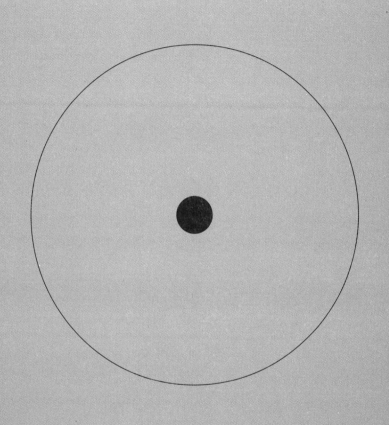

5장

순환의 말

너무 아프면 운다. 다들 여기저기가 아프니 아픈 말도 많
다. 배가 살살, 엉덩이가 따끔, 뼈가 욱신욱신, 머리가 지끈
지끈 아프다. 어른만 아픈가. 아이도 아프다. 새근새근, 새
록새록 잘 자다가도, 도담도담 잘 자라다가도 한번 아프면
울음이 멎질 않는다.

아이의 울음은 어른의 울음과 달리 숨기는 기색
이 없다. 배고프면 고픈 만큼, 젖으면 젖은 만큼,
아프면 아픈 만큼 운다. 아픔과 설움에 꾀병까지
더해 제대로 운다. 아직 말을 배우지 못한 아이의
울음은 곧 말과 같아 자신이 원하는 바와 그 정도

에 따라 매번 다른데, 부모는 울음만으로 아이의
욕구를 알아채니 내리사랑은 실로 대단하다.

아이의 **앙**, **왕** 울음소리는 울림이 크다. **앙**, **왕**
은 그친 후에도 한동안 메아리로 허공을 맴
돈다. **앙**, **왕**의 메아리는 집 안 곳곳에 배어 있
다가 아이의 대리인인 양 그 빈자리에 들어
앉는다. 아이를 두고 잠시 집을 나와도 부모
의 귓전에 자꾸만 아이의 울음소리가 들리는
이유다. **앙**, **왕**의 첫소리와 받침소리(ㅇ)가 발
음할 때 목청이 떨리는 울림소리라 더욱 제
대로 울리기 때문이다.

앙은 아이 울 때 말고 개가 물려고 덤빌 때도
쓴다. 개가 덤빌 때의 **앙**은 분명 다른 사람을
놀라게 하려고 할 때 쓰는 뜻의 감탄사 **앙**의
뜻과 닮았다. 꼬리 치던 개가 불시에 덤벼들
면 누구든 놀란다. 담벼락 뒤에 숨었다가 누
군가 놀래킬 때 보통 '왁'이라고 하는데, 입말
과 다르게 사전에는 없는 말이다. **앙** 하면 상
대가 덜 놀랄 텐데, 개가 덤빌 때도 **앙**보다는
'왁'이 더 어울리는데.

왕은 아이의 울음소리뿐만 아니라 귀가 멍멍할 정도로 시끄럽게 우는 소리라는 뜻도 가진다. 실제 큰 울음소리는 여운도 그만큼 긴데, 시끄럽게 우는 당신이 진정 이 자리의 왕이라는 뜻이런가. 어찌 보면 **왕**은 **앙** 두 개를 겹친 말 같다. 해서 **앙**보다 더 힘차고 **앙** 울다가 터뜨린 울음, 참다 참다 터진 **앙** 같다. **왕** 터진 울음은 쉬이 달랠 길이 없다. 잦아든 **왕**은 한동안 **앙**의 메아리로 맴돌다가 슬그머니 꼬리를 말아 감는다.

가끔은 그렇게 울고 싶다. 바닥에 퍼질러 앉아 두 다리 구르며 45도 각도로 고개를 쳐들고 눈은 뜰 수 있어도 애써 감고 입은 이응 모양으로 동그랗게 벌린 채 **앙, 왕** 울고 싶다. 아무리 달래고 얼러도 원하는 대로 이뤄질 때까지 막무가내로 **앙, 왕**!

+
이렇게 써야 제맛!

앙 소리에는 호랑이도 줄행랑!

아이의 울음소리는 호랑이의 포효 못지않게 무섭다. 날 새는 줄 모르고 하염없이 울다가 옛날에는 '곶감 줄까', 요즘에는 '핑크퐁 틀어 줄까' 소리에 뚝 그치기도 하니 이거야 원. 굶주린 호랑이도 아기의 **앙** 소리에는 지레 겁먹고 도망칠 정도로 당해 낼 재간이 없다는 뜻이다.

왕 울어 오른 왕!

제 역할을 제대로 하지 못하는 사람을 이른다. **왕** 떼쓰며 시끄럽게 울어 '그래, 왕 시켜 줄게' 해서 왕 된 사람이 어디 제대로 된 왕이런가. 이치를 따르지 않고 우겨서 된 일은 그 끝이 좋을 리 없다는 뜻도 품은 말이다.

163

평야 한가운데 살던 어린 시절, 앞마당에 사
는 큰 개 서너 마리가 호위병처럼 집을 지켰
다. 20여 년 동안 우리 집을 거쳐간 개는 황
구, 진돗개, 골든 리트리버, 셰퍼드 등 다종다
양했는데 종과 무관하게 다들 집을 잘 지켰
다. 말뚝에 줄이 묶여 있어 실제 도둑이 들면
어쩔 도리가 없지만 크게 짖는 소리로 주인
에게 위급 상황을 냉큼 알렸다. 개중 가장 영
리한 백구는 대문에서 가장 가까운 자리에서
오래 살았다.

백구는 주인과 이웃, 손님과 불청객의 발소리를 구분하고 대상에 따라 짖는 소리를 달리했다. 주인과 불청객을 향해서는 유독 크게 짖었는데, 주인에게 짖을 때는 반가움을 더하고 불청객에게 짖을 때는 경계와 위협을 듬뿍 실었다. 또 주인에게는 꼬리를 흔들고, 불청객에게는 윗송곳니 자랑을 잊지 않았다.

엄마는 그 모든 개를 아꼈다. 가족 여행 마지막 날, 집에 가고 싶어 하는 사람은 늘 엄마뿐이었는데, 어느 날 엄마에게 왜 아무도 없는 집에 돌아가고 싶은지 물으니 "어서 가 개밥 줘야지. 말 못 하는 짐승이 얼마나 배고프겠니?"라고 답했다. '말 못 하는 짐승'은 이후 오래도록 각인되어 배고프거나 아파 보이는 동물을 볼 때마다 떠오른다.

한 희극배우가 개는 알파벳이나 숫자를 안다고 했다. 멍멍, 왈왈 짖지 않고 작은 개는 엘엘(LL), 중간 개는 알알(RR), 큰 개는 에프에프(FF), 시골개는 오오오오 (5555) 운다고 해 이마를 탁 쳤다. 백구는 낮에는 알 알, 한밤에는 오오오오 자주 울었다.

어느 아침, 늘 반갑게 아침 인사를 건네던 백구가 개집에서 나오지 않았다. 알알, 오오오오 울고 짖던 기백은 어디 가고, 밤사이 핼쑥해진 얼굴로 앓는 소리를 냈다. **깽**인지 **끙** 인지 **낑**인지 들릴 듯 말 듯 작은 소리를 냈다. 개집 안에 가득한 **깽, 끙, 낑**은 듣는 사람까지 아리게 했다. 백구는 온몸을 웅크렸다 폈다 같은 자리를 뱅 돌며 계속 **깽, 끙, 낑** 힘겨워했다. 배탈이 제대로 났나 싶게 아픈 소리는 예사롭지 않

았다. "엄마 백구 왜 저래? 병원 데리고 가자" 걱정스럽게 말하니 엄마는 씩 웃으며 백구는 지금 새끼 낳는 중이라고 일러 주었다. 백구가 암컷이었구나, 기꺼운 충격을 받고 학교로 가면서 '말 못 하는 짐승이 얼마나 아플까' 되뇌었다.

지금 나는 동거묘 메이와 함께 산다. 5월에 태어난 메이May는 나이 많은(열다섯, 사람 나이로 일흔여섯) 거대묘(체중 8킬로그램)다. 여러모로 동거인과 닮은 메이는 밥도 잘 먹고 간식도 잘 먹고 잘 놀고 잘 잔다. 국 대접에 가득한 물을 사나흘이면 비울 만큼 물도 많이 마셔 소변량도 많은데, 어느 새벽에는 빗소리에 놀라 깼더니 메이가 쉬하고 있었다. 가끔은 급하게 물을 먹다 사레가

들리기도 한다. 그럴 때면 **캥** 하며 고양이 기침을 한다. "물 먹고 체하면 미꾸라지 먹어야 한다" 으름장을 놓으면 미꾸라지 내놓으라며 눈을 반짝인다.

+

이렇게 써야 제맛!

남산만 봐도 끙 한다!
새 생명의 탄생은 축복할 일이나 출산의 고통은 너무나 크다. 엄마 셋만 모여도 산고 이야기로 밤을 지샐 만큼 이야깃거리가 무궁하다. 해산이 임박해 단단히 차오른 배를 남산에 비교하곤 하는데, 애 낳아 본 엄마는 남산만 봐도 그때의 고통이 떠올라 소스라칠 테다. 엄마한테 더 잘하자, 마음먹게 하는 말이다.

물 먹고 캥! 뇌물 먹고 팽!
동거묘 메이처럼 물 먹다 체하면 **캥** 소리 몇 번에 나아지지만, 맛있다고 덥석덥석 뇌물 먹다 걸리면 내쫓기기 십상이다. 자주 보는 의사는 나를 볼 때마다 물을 많이 마시라고 하는데, 물이라고 다 몸에 좋은 건 아니다.

나팔이 울리다 —  **뚜 부 뛰 빵**

얼마 전 강화도에 다녀왔다. 배 타고 석모도 가던 추억을 헤집으며 외포리로 향했다. 몇 년 사이 강화도와 석모도 사이에는 대교가 놓이고 뱃길이 끊겼다. 선착장을 오가던 큰 배가 느릿하게 방향을 틀고, 새우깡 달라며 뒤따르다 결국 석모도까지 동행하던 갈매기떼가 사라진 바다는 텅 비어 보였다. 어쩐지 추억이 통째 사라진 기분이었다. **뚜** 뱃고동 소리 못내 그리웠는데.

　　뚜와 **부**는 기적 소리다. 여기서 기적은 미라클Miracle 이 아니라 증기를 내뿜는 장치다. 하니 기적 소리는 증기 소리와 닮았다. 전기밥솥에서 "증기 배출이 시작됩

170

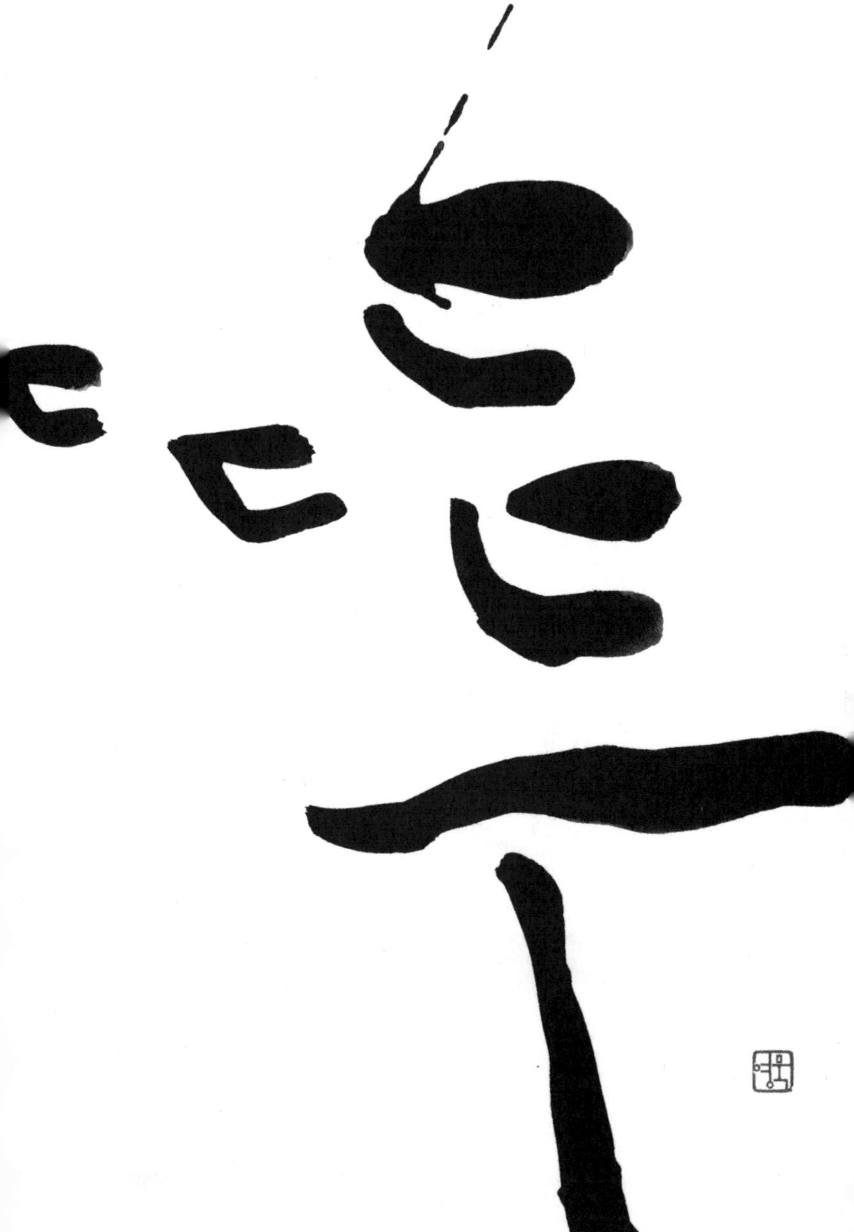

니다"라는 안내음 다음 이어지는 소리 **부**는 바다 위 공
중에서도 울린다. 전기밥솥 수백만 개를 실을 수 있는
배에서 나는 소리답게 여운도 크고 너르다. 이때의 여
운은 '앙' '왕'과는 다르다. '앙' '왕'이 안으로 꼬리를 감
추는 여운이라면 **부**의 여운은 소실점을 향해 곧게 사
라져간다. 잔잔한 물결처럼 은은히 번지는 **부** 소리는
새벽녘 사찰 범종소리, 해 질 녘 교회 종소리와 닮았

다. 어딘지 아련하고 푸근해 '어여 들어와 밥 먹어' 정
겨운 외침이 이어질 듯한 그리움의 메아리다. 동심원
을 그리는 뱃고동 소리는 긴 물이랑과 함께 서서히 사
라져 간다. 배는 방금 떠나온 곳이 이내 그리워 그 이
름을 부르며 우는데. **부, 뚜.**

뚜, 부가 고동이나 기적 소리라면 **뛰, 빵**
은 자동차나 배의 경적 소리다. "버스를
타고 고속도로를 바람처럼 달려가자"
는, 한국도로공사에서 좋아할 듯 아닐
듯한 노랫말로 시작하는 가수 혜은이의
「뛰뛰빵빵」. 혜은이 특유의 청포도알 같
은 목소리는 '연인을 만날 듯한 부산으
로 달려가는' 설렘을 경쾌하게 실어나른
다. 동요 「자전거」의 첫 소절 "따르릉 따
르릉 비켜나세요"처럼 따르릉은 홀로
쓰일 때가 많은데 **뛰**와 **빵**은 '뛰뛰빵빵
뛰뛰빵빵'처럼 자주 붙어 다닌다. 뛰뛰
빵빵은 아예 자동차 경적을 울리는 소리
라는 뜻의 의성어로 따로 사전에 등록되
어 있다.

뛰나 **빵**은 말맛이 둥글고 앙증맞은 데가 있는데 실제 자
동차 경적 소리를 듣고 그런 감정을 느껴본 적은 거의 없
다. 뛰뛰 소리는 '비켜', 빵빵 소리는 '빨리'로 들릴 때가 많
다. 자동차 경적이 뱃고동 소리처럼 은은하게 울리면 어떨

까. 그럼 마음 느긋해진 이들이 구급차 대하듯 서로 길을 내주고 행여 무리한 끼어들기를 해도 찡긋 눈인사 건네지 않을까. **튀! 빵!** 창밖 경적 소리에 깼다. 잠깐 졸았다.

+

이렇게 써야 제맛!

**사랑이 떠나가네 뚜,
사랑이 돌아오네 부!**
사랑도 변한다. 사람이 변하는데 사람 마음이 안 변하면 그게 이상한 일 아닌가. 애초의 뜨거운 사랑도 은은히 **뚜**, 떠나간 사랑은 다른 형태의 마음으로 잔잔히 **부** 하며 돌아온다, 고 믿자.

튀에는 뚜, 빵에는 부!
매일 아침 방어운전을 다짐하지만 막상 도로에서 각종 게릴라를 만나면 맞서고 싶어진다. **튀**에는 **뚜**, **빵**에는 **빵**, 함무라비 법전을 따르고 싶어진다. 내일 아침에는 다시 관세음보살의 마음으로 **튀** 해도 **뚜**, **빵** 해도 **부** 하자, 여린 다짐을 굳게 한다.

크게 울리다 — 꽝 쾅 땅 탕

울리는 소리는 주체에 따라 다르다. 금방 소개한 배나 자동차 경적이 울리면 뚜, 부, 뛰, 빵, 신호음이 울리면 삐, 쇠붙이가 울리면 쨍, 큰 북이 울리면 퉁, 통으로 말맛이 확연히 달라진다. 울리는 모습을 담은 의성의태어 중 울림소리나 모양이 큰 말로는 **꽝, 쾅, 땅, 탕**이 있다.

　　　꽝, 쾅, 땅, 탕은 부딪힐 때 말고도 터져서 울리는 소리에도 쓴다. **꽝, 쾅**은 총이나 대포를 쏘거나 폭발물이 터져서 울리는 소리, 무거운 물체가 다른 물체와 부딪혀 울리는 소리다. **땅, 탕**은 총소리이면서 작은 쇠붙이 따위가 부딪혀 울리는 소리다. **꽝, 쾅, 땅, 탕** 소리를 내는 물체는 모두 단단하다. 터지고 부딪히는 제 몸이 딴딴하고 탄탄하니 울리는 소리도 땅땅하고 탕탕하다.

총이나 대포, 폭발물 소리를 흔하게 들을 데
는 전쟁터나 군사 훈련장 정도다. 대신 일상
에서는 공사장에서 전장의 소리가 난다. 벽
때려 부수는 소리, 쇠기둥이나 시추공 박는
소리, 벽돌 던지고 유리 매다는 소리 등 **쾅**,
쾅, **땅**, **탕** 온갖 울림으로 골을 흔든다. 이외에
도 위층, 아래층, 앞집, 옆집, 우리 집 안팎에

서 크고 작은 소음에 시달린다. 도심은 충돌과 굉음의 천국이고, 평화와 고요의 지옥이지 않던가.

두 해 전, 태어나 가장 슬픈 **쾅** 소리를 들었다. 인도를 걷는데 눈앞에서 작은 새 한 마리가 대형 유리벽에 부딪혀 그대로 바닥에 나동그라졌다. 새로 지은 아파트 단지에서 소음 방지용으로 세운 유리벽은 흔히 뱁새라고도 불리는 붉은머리오목눈이가 나는 길을 가로막았다. 이 세상에서 매일 오가던 길, 저 너머가 환히 보이는 벽에 부딪혀 새는 저세상으로 날아갔다.

한 손에 쥐어질 만큼 작고 온기가 채 가시지 않은 새를 안고 동물병원에 갔다. 수의사는 태어난 지 몇 달 안 된 어린 새이며, 뇌진탕으로 숨이 끊어졌다고 진단했다. 안쓰러운 마음에 작은 화분에 묻어 주었는데 두 달 후 다시 파보니 뼛조각 하나 없었다. 하늘을 날던 새는 흙 사이로 흔적도 없이 사라졌다.

며칠 전, 운영하는 책방에 새가 날아들었다. 볕 좋은 아침, 텃새 몇 마리가 산책

하듯 책방 안으로 느긋이 걸어 들어온
적은 있지만, 마치 제 둥지처럼 훌쩍 날
아든 일은 처음이었다. 좋은 소식 물어
온 길조려나, 빙긋이 바라보는데 새가
전면 유리창과 책장 사이로 길을 잘못
들었다. 갇힌 새는 밖이 훤히 내다보이
는 유리창에 자꾸만 머리를 들이받았다.
땅, 푸드덕, **탕**, 푸드덕 소리가 반복되었
다. 책방 주인도, 창밖 행인도 어쩔 줄 몰
라하는 사이 새는 더 깊은 궁지로 빠져
들었다. 결국 책장을 다 들어내고 두 손
으로 잡아 고이 날려 주었다. 대가리를
유리창에 들이받아서인지 반쯤 넋이 나
간 새는 하늘 향해 놓아 주자 금세 훨훨
날았다.

숨을 가진 생명이 어딘가 부딪혀 숨을 멈추는 소리, 보이는
곳에 갈 수 없는 소리, 삶이 죽음에 부딪히는 소리는 애달
프다. **꽝**, **쾅** 공사장 소리 높아질수록 **땅** 생명의 숨구멍 닫
히고 **탕** 죽음의 판결 나는 소리도 높아진다.

꽝 난 놈, 탕 친다!

제 일로 세상 시끄럽게 하는
놈은 못난 놈이다. 복권이
꽝 됐다고 온 데 화풀이를
하듯 일이 마음대로 풀리지
않는다고 환경을 탓하고
주위 사람을 힘들게 하는
사람이 있다. 그런다고
문제가 해결되지 않는데.
분풀이로 한세상 어지러이
살다 가는 어리석은 사람을
나무라는 말이다.

뒤땅만 치니 땅 칠 노릇!

골프 경기를 하며 정작
쳐야 할 공은 못 치고
공 뒤쪽 땅을 치는 일을
뒤땅치기라고 한다. 할 일이
따로 있는데 애먼 데
힘쓸 때처럼 기막히고
답답할 때, 아무리 해 봐야
소용 없을 때 쓰기 좋은
말이다. 비슷한 말로 '월급
모아 내 집 장만', '명동에서
명상하기' 등이 있다.

꽹 땡

어릴 적 살던 마당 넓은 집을 품은 마을은 다시 논밭에 둘러싸여 있었다. 모내기철이나 추수철이 되면 어김없이 농악대가 이 마을, 저 마을을 건너다니며 순회 공연을 펼쳤다. **꽹꽹**꽤개갱**꽹**, 이웃 마을에서 꽹과리 소리가 들리면 신명 난 이는 덩실 더덩실 어깨춤을 추고, 탁배기 한 사발에 불콰해진 얼굴로 동구 밖까지 농악대를 마중 나갔다.

늘상 밭일에 논일에, 고추 따랴 상추 뜯으랴 피 뽑으랴 농약 치랴 고단해 보이던 동네 사람이 농악 장단에 얼씨구절씨구 한바탕 춤추고 노는 모습에 덩달아 흥이 났다. 점점 골목으로 다가오는 꽹과

리 소리를 들으면 괜히 심장이 쿵쾅거렸다. 농악
대를 이끄는 상쇠를 보면 흥분은 절정에 달했다.
상쇠가 두드리는 꽹과리 소리, 마을 가득 울리는
꽹꽹꽤개갱**꽹** 소리에 논밭도 벼와 고추 키울 힘
을 얻었을 테다.

두웅둥 징소리의 뭉근함도 좋지만 **꽹** 천지를 깨
우는 꽹과리 소리는 언제 들어도 청량하다. 얼마
전 동묘 나간 길에 한 골동품 상인에게 꽹과리와
채를 샀다. 옛 기억이 떠올라, 상쇠에게 12만 원
에 산 것을 5만 원에 내놓는다는 엉성한 글귀에
마음이 끌려 덜컥 사들였다. 한데 밀쳐 두니 발길
에 채기에 움푹 들어간 꽹과리 뒷면에 둥근 거울
을 붙여 벽에 걸어 두었다. 이제 아침저녁으로 매
일 꽹과리를 들여다본다. 묵은 놋쇠 빛깔에 **꽹꽹**
꽤개갱**꽹**, 신명 나는 소리가 배인 듯 보기만 해도
기운이 난다.

한편 딩동댕의 반대말처럼 쓰는 **땡**은 작은
종이나 그릇, 쇠붙이 등을 두드리는 소리다.
살면서 참 많은 **땡** 소리를 들었는데 그중 가
장 청명한 **땡** 소리는 국민학교 3학년 때 교탁

에서 울렸다. 첫 수업 시간, 자기소개를 마친 담임선생은 받침대가 있는 종을 교탁에 턱 올려두었다. 그 종은 흔들지 않고 종의 윗부분 툭 튀어나온 꼭지를 톡 눌러야 **땡** 하고 울렸다. 선생님은 아침 인사와 함께, 반가운 소식을 전할 적마다 **땡** 은색 종을 울렸다. 높고 경쾌하게 울리는 종소리를 들으면 내내 즐거운 일이 벌어질 것만 같았다. 그렇지 않은 미래에 살다 보니 그 **땡** 소리가 더욱 그립다.

얼마 전 선물 받은 자전거에서도 **땡** 소리가 난다. 책방과 등을 맞댄 서울숲에 자주 끌고 나가 바람을 가르곤 하는데, 자동차와 다르게 자전거 경적은 맑고 고운 소리가 난다. 울리는 사람, 듣는 사람 모두 인상 쓰지 않고 살며시 뒤돌아보며 길 터주게 만드는 맑고 고운 **땡** 소리가 난다.

+

이렇게 써야 제맛!

징에서 꽹 난다!

실제 **꽹**은 꽹과리 소리이자 징 소리라는 뜻을 가졌지만, 징에서 꽹 소리가 나던가. 안 보고 본 척 하거나 제대로 못 보고 허방다리 짚는 소리할 때 빗대기 좋다. 비슷한 말로는 '안 가 본 놈이 일산이 높다 하고 판교가 싸다 한다'가 있다. 일산은 낮은 산이 하나(一山)뿐인 평지고, 판교 집값 상승세는 서울 강남 3구를 따라잡았다.

장땡 쫓다 인생 땡쳐!

두 장의 패로 겨루는 화투 노름 중 가장 높은 등급, 장땡은 앞뒤 가리지 않고 좋은 것을 이르기도 한다. 또 결딴나다는 뜻으로 쓰는 '종치다'는 한자 마칠 종(終)에서 따온 말이며, 종소리 **땡**을 대치해 '땡치다'라고도 한다. 결국 이 말은 당장 결과가 좋기만을 바라다가 경을 치리라는 준엄한 경종이다.

봉 빵 펑

무언가 뚫릴 때 쓰는 한 글자 의성의태어로는 **봉**, 뽕, 붕, 뿡, 방, **빵**, 뻥, 팡, **펑**, 풍 등이 있다. 사전에는 그 무언가가 '문풍지 따위'라고 돼 있는데 과연 그 사전은 언제 만든 걸까. 요즘 젊은이가 문풍지를 알까, 그 예가 와 닿을까. 문 문(門), 바람 풍(風), 종이 지(紙)를 쓰니, 말이 되게 이어 보면 문풍지는 문으로 드나드는 바람을 막는, 혹은 문으로 바람이 드나들도록 하는 종이다. 갈색 새시가 등장하기 전까지, 1980년대 양옥이 들어서기 전까지, 우리네 집에는 주로 나무 문을 달았다. 나무 문틀

에 나무 살을 짜 넣고 숭숭한 구멍은 한지로 막았
다. 나무 문은 나무틀에 풀을 먹여 한지를 붙인 그
야말로 친환경 건축 자재였다.

그 옛날, 꿈인가 생시인가 싶게 아련한 시간 속에 문풍
지 뚫던 기억이 있다. 본 건 있어서 검지 끝에 침을 살
짝 묻혀서 **봉** 뚫곤 했다. 첫날밤을 엿보려는 의도도 없
이 그냥 재미 삼아 뚫곤 했다. 뚫리기 전까지 검지에
맞서느라 팽팽하게 늘어난 한지가 볼록해질 대로 볼
록해진 다음 이어지는 **봉** 터지는 소리와 느낌이 좋아
재미삼아 문풍지를 뚫어 댔다. 둔한 듯 시원한 느낌의
봉은 봉긋 솟은 한지의 모습과 똑 닮았다.

　　　무언가 터지는 소리로는 **빵**, 뺑, 팡, **펑**이 있는데
국어사전에는 그 무언가가 '풍선이나 폭탄 따위'
라고 해 놓았다. 폭탄은 모르겠고, 풍선은 정말이
지 그런 소리를 내며 터지긴 한다. **빵**, 뺑, 팡, **펑**은
무언가 터질 때 말고 구멍이 뚫릴 때도 쓴다. 그중
빵, 뺑은 공을 찰 때, 팡, **펑**은 무언가 튀어오를 때
도 쓴다.

빵, 뻥, 팡, **펑**은 큰 운동성만 한 둥그런 흔적을 남긴다. 터지고 뚫리는 상황은 구심점에서 확장된 흔적을 남긴다. 공을 뻥 차거나 무언가 튀어 오를 때는 둥근 운동성이 느껴진다. 날아가는 공이나 반동을 가진 물체의 움직임은 곧기보다 둥그스름하다. 이 모든 단어의 받침소리(ㅇ)가 동일한 건 분명 우연은 아닐 테다. 이응이 가진 유연한 울림과 무정형의 방향성은 터지고 뚫리고 차이고 튀는 데 걸맞다.

드니 빌뇌브 감독의 영화 「컨택트」는 외계와의 소통을 뻔하지 않게 그린 수작이다. 동정 없이, 정복 없이 다른 문화와 다른 언어 간의 소통을 담담히 그렸다. 여전히 외계는 침공의 주체라 여기는 무지렁이 사이에서 딸아이의 이름을 한나라고 지은 주인공 언어학자의 활약은 빛난다.

한나(HannaH)는 반으로 접으면 원형처럼 꼭 맞는 대칭어다. 영화를 보며 우리말 중에 대칭어는 무얼까, 하다가 '이응'이라 결론지었다. '이'를 시계 방향으로 누이면 '으'이고 으를 대칭시키면 응이 된다. 다시 뒤집어진 으를 시계 방향으로 180도 회전시키면 '이'가 된다. 이응의 표기, 'ㅇ'도 원이니 이 또한 대칭을 이룬다. 이응은 그렇게 대단한 홀소리다. **빵** 차올리고 **펑** 터뜨리는 일은 일도 아니다.

빵이 없으면 꾹을 쓰면 되지!

마리 앙투아네트의 망언 "빵이 없으면 케이크를 먹으면 되지"를 변형했으며 뜻도 같다. 택도 없는 대체재를 들이대는 제안이나 협상의 무의미함을 이르는 말이다. "월급이 동나면 상가 한 채 팔라"는 기함할 소리도 동격이다.

펑이 펀하냐!

때때로 뉴스에 충전 시 폭발 사고가 보도된다. 그런 기사의 댓글로 알맞으며, 여기서 **펑**은 폭발하는 소리이고 펀(Fun)은 영어다. 말도 안 되는 상황에 걸맞게 말도 안 되는 콩글리시로 만들어 본 문장이다.

와 왁 우

지난겨울 미국 플로리다에 사는 조카를 만나러 갔다. 식료품을 사러 마트에 들렀는데, 입구부터 줄이 길었다. 마침 연중 가장 큰 할인 행사라는 블랙프라이데이 주간이었다. 줄이 마트 주차장까지 대문자 'S'를 그리며 길게 이어지는 진귀한 풍경을 넋 놓고 바라보다가 "미국 세일이 진짜 세일"이라는 지나던 교포의 말에 혹해서 춥다고 징징대는 조카에게 그토록 갖고 싶던 게임기를 할인해 주면 어쩌려고 그러냐며 행렬에 끼었다.

문이 열리자 군중은 진공청소기에 빨려 들어가는
먼지처럼 일시에 마트 안으로 몰려들었다. 밑 터
진 가마니에서 쌀 터져 나오듯, 밀려오는 파도를
꼭 닮은 인파가 매장으로 진격했다. 순간 소 떼가

떠올랐다. 그래서 **우**(牛) 몰려든다고 하나. **왁**
몰려든 인파의 발소리와 아우성이 마구 뒤엉
켜 일대는 **와** 한바탕 대혼란이 일었다.

와, 왁, 우는 모두 여럿이 한꺼번에 어딘
가로 몰릴 때의 모양을 이르는 의태어
다. 각각 또 다른 뜻도 하나씩 있는데 **와**
는 여럿이 웃고 떠드는 소리, **왁**은 격한
감정이 치미는 모양, **우**는 바람이 몰아
치는 소리 등이다. **와, 왁, 우**의 동음이의
어도 자주 쓰는데 놀랐을 때 절로 터져
나오는 **와**는 '우아'의 줄임말이자 감탄
사, 앞서 소개했듯 누군가 놀래킬 때 자
주 쓰는 **왁**은 사전에는 없는 말이고, 시
시하거나 별로일 때 야유하며 보내는 **우**
역시 감탄사다.

와, 왁, 우가 이처럼 상점이나 장터에서 들려온다
면야 경기가 살아났구나, 대박이 나겠구나 싶어
기쁠 텐데, 문제는 보이지 않는 시장의 와, 왁, 우
다. 뚜렷한 정치적 견해, 교육관이나 직업 철학도
없이 다들 하니까 덩달아 와 몰려가 왁 달려들어

우 덤비다가는 망신을 넘어 패가도 남일이 아니다. 온라인에서도 마찬가지다. 사실 확인도 하지 않고 **우** 베껴 쓴 엉터리 기사나 남들이 싫다니 **와** 달려들어 인신공격이나 비난을 일삼는 얼치기 댓글의 부조리는 언젠가 제 영혼에 **와, 왁, 우** 몰려들어 치명상을 입힐 테다.

+
이렇게 써야 제맛!

우 가다 보면 길 없음!
가끔 좁은 골목 어귀에서 '길 없음'이라고 쓴 표지판을 보는데 얼마 못 가 정말 길이 끊어지곤 한다. 주관도 없이 남들 간다고 **우** 따라가다 그런 표지판조차 미처 발견하지 못한다면 결국 막다른 길과 마주하게 될 테다.

잔칫집은 와, 상갓집은 쓱!
어디든 장소와 때에 걸맞은 언행을 해야 한다. 축하해야 할 잔칫집은 들썩일수록 더 흥이 난다. **와** 몰려가 **우** 떠들어도 무례가 아니다. 상갓집에서는 그러면 안 된다. 유족의 슬픔을 위로하며 경건한 마음으로 머물러야 한다. 밤새 화투 치며 술 마시다 개싸움 벌이면 안 된다.

날아가다 ㅡ   앵 윙 윙 잉

단언컨대 소리 없이 피만 빤다면 모기의 사망률은 확 줄어
들 테다. 파리목 모기과 협회가 있다면 꼭 알리고 싶은 바
다. 도둑을 도망치게 만드는 경찰차의 사이렌 소리처럼 모
기의 비행음은 피 털릴 사람을 깨운다. 특유의 **앵, 웽, 윙, 잉**
소리는 코맹맹이 철부지의 애교처럼 듣기 거북하고 귀에
거슬린다. 분명 피 빨다 죽은 모기보다 날다 죽은 모기가
더 많을 테다.

앵, 웽, 윙, 잉은 모두 무언가 날아가는 소리로 그
날아가는 주체가 조금씩 다르다. **앵**은 모기나 벌
따위, **웽**은 날벌레나 돌팔매 따위, **윙**은 조금 큰

벌레나 돌 따위, **잉**은 날벌레 따위다. 모기나 벌, 날벌레, 돌은 알 테고, 알 듯 모를 듯한 돌팔매는 무언가 맞히려고 던지는 돌멩이다. 다른 날벌레에 비해 모기 나는 소리가 유독 듣기 싫은 이유는 뭘까.

모기는 수십 미터 밖에서도 인간이 내뱉는 이산화탄소나 인간의 대사분해물질 중 하나인 젖산을

감지한다. 호흡량이 많고 체온이 높고 체취가 강하면 모기의 만찬이 되는 연유다. 자기 체중(2~3밀리그램)의 세 배나 되는 피를 저장하는 모기는 시속 2킬로미터의 속도로 1초에 무려 250~500회의 날갯짓을 한다. 알고 보면 **앵**, **웽**, **윙**, **잉**은 살기 위한 처절한 날갯짓 소리인 게다.

미약한 날개로 그토록 치열하게 날갯짓하였구나, 생각하니 어쩐지 짠하다. 물론 발바닥에 모기 물렸을 때의 가려움을 떠올리면 불쾌지수가 급격히 상승하지만. 여하간 이제 **앵**, **웽**, **윙**, **잉** 소리가 난다고 냅다 전자모기채를 꺼내기보다 그 소리의 원류를 찾아 모기의 비행을 유심히 관찰하면 어떨까. 1초에 수백 회나 이어지는 날갯짓이 제대로 보일리는 없지만, 이 사실을 알고 나면 매 순간

열심히 생존 활동을 하는 모기가 달리 보이지 않
을까.
엥?이라고? 그건 모기 소리가 아니다. **엥**은
뉘우치거나 성나거나 딱하거나 싫증날 때 쓰
는 감탄사다. 성난 게 아니고 뉘우친 거라고?
엥?

+
이렇게 써야 제맛!

엥이 많아야 잘 산다!
앞서 설명했듯 모기는
호흡량과 열이 많은 사람을
잘 알아본다. 해서 임산부와
어린이를 자주 문다. 한데
모기가 좋아하는 그런
집이야말로 진정 화목한
집이 아닐까. 아이가 많고
곧 태어날 아이도 많으면
화목하리라, 고 1인 가정
가장은 지레짐작한다.

가까운 잉, 먼 비오!
'비오'는 솔개 우는 소리다.
수릿과에 속하는 솔개는
멸종 위기종이자 맹금류다.
매서운 솔개는 높은 창공을
날기에 두렵지 않지만,
귓가의 모기는 손톱보다
작아도 밤새 사람을
괴롭힌다. 먼 데 큰 적보다
가까운 곳의 작은 적이
더 무섭다는 뜻이다.

뱅 팽 횡 휭

명사를 제외하고 우리말 단어 중에 **뱅**이 들어간 말은 대체로 웃거나 맴도는 모습이다. 뱅그레, 뱅글, 뱅긋, 뱅끗, 뱅시레, 뱅실, 뱅싯 등은 떠올리면 만면에 웃음이 맴돈다. **뱅**은 좁은 범위를 한 바퀴 돌고, 뱅뱅은 그 범위를 자꾸 돌고, 뱅그르르는 좁게 한 바퀴 돌고, 뱅글뱅글은 매끄럽게 돈다. 뱅뱅거리다, 뱅뱅대다, 뱅뱅하다 등은 앞에 붙은 어근의 뜻대로 돈다는 뜻의 동사다.

    뱅과 같은 뜻이며 다만 그보다 말맛이 거센 **팽**은 갑자기 정신이 아찔한 모양과 곧 소개할 눈물이 글썽한 모양이라는 뜻도 가진다. 팽팽, 팽그르르,

팽글팽글, 팽팽거리다, 팽팽대다, 팽팽하다 등도
모두 **뱅**에 비해 말맛이 거세다. 2장 '수직의 말'에
서 다룬 '둥' '붕'이 백자 항아리가 떠오르는 말이
라면 **뱅**, **팽**은 나선형의 모기향이 그려지는 말이
다. 공중으로 떠오르는 '둥' '붕'이 은근하고 느긋
한 멋을 가졌다면, 같은 자리를 맴도는 **뱅**, **팽**은
보다 빠르게 순환한다.

　　횡, **횡**은 기계나 바퀴가 빠르고 세게 돌아갈
때, 빠른 바람이 세게 불 때도 쓴다. 또 무언
가 바람을 일으키며 빠르게 날아갈 때도 **횡**,
횡이라 한다. **횡**, **횡**에서 말하는 바람은 회오
리바람, 그중에서도 바닷가에서 종종 목격되
는 용오름이 떠오르는 말이다. 용오름은 '해
상 토네이도'라고도 불리며 지표면과 높은
상공의 바람 방향이 서로 다를 때 일어난다.
한마디로 두 손을 엇갈리게 반대 방향으로
밀면 그사이 바람이 나선 형태로 휘감아 오
르는 것과 같은 이치다. 캔자스 농장에 살던
도로시를 신비한 오즈로 날려 버린 바람도
아마 **횡**, **횡** 불었을 테다. 그러고 보니 **횡**, **횡**

은 회오리의 줄임말 같기도 하다.

20세기 명곡 중 하나인 들국화의 「돌고, 돌고, 돌고」는 "어두운 곳 밝은 곳도 앞서다가 뒤서다가 다시 돌고 돌고 돌고"라는 노랫말로 끝맺는다. 가수 노사연의 대학가요제 당선곡 「돌고 돌아가는 길」의 노랫말도 오래도록 마음에 뱅뱅거린다. "발만 돌아 발밑에는 동그라미 수북하고 (……) 흘러 흘러 세월 가듯 내 푸름도 한때인 걸. 돌더라도 가야겠네. 내 꿈 찾아 가야겠네." 같은 자리 **뱅**, **팽** 맴돌다가 어느 날 **휭**, **휭** 떠나는 것, 그것이 인생이지, 옳거니!

+

이렇게 써야 제맛!

뱅뱅뱅!

안무 영상 조회 수가 1억을 넘은 인기 곡의 제목이기도 하며, 영어로 'Bang Bang Bang'은 총성이다. 우리말 뱅뱅뱅은 '돌고 돌고 돌고'라는 뜻으로 어차피 돌고 도는 인생, 죄 짓지 말고 웃으며 살자는 의미다.

바람 많아 횡성인가!

한마디로 말도 안 되는 소리다. 냄새 풍겨 '풍기'고, 잘 달려서 '경주'겠는가. 앞뒤 없이 이름 갖고 놀리는 경우가 많다. 과학 시간, 미토콘드리아 배우면서 졸지에 별명이 세포가 된 처지라 더욱 와닿는 말이다.

빙 핑

가수 최백호의 「애비」는 결혼하는 딸을 떠나보내
는 아버지의 심정을 담은 노래다. 황태포 같은 최
백호의 목소리는 "가뭄으로 말라 터진 논바닥 같
은 가슴"을 절절하나 담담하게 담아낸다. 처음 이
노래를 듣자마자 바로 눈물이 핑 돌았다. "잘 살
아야 한다. 행복해야 한다. 애비 소원은 그것뿐
이다"라는 절규에는 끝내 펑펑 울어야 했다. 이
노래를 결혼식 축가로 불렀다가는 신부 눈가가
남아나지 않겠군, 구시렁대며 애써 마음을 다스
렸다.

눈물은 그냥 쑥 빠지기도 하지만, 신기하게 위쪽으로 생겨나는 물고기 비늘이나 장마에 불어나는 한강물처럼 아래 눈꺼풀에서부터 그렁그렁 차오르기도 한다. 남들 보기에는 그런데 실제로는 위아래 눈꺼풀 둘레를 따라 일시에 물이 스미는 기분이 든다. 이목구비에 열이 쏠리고 콧잔등이 싸해지며 울컥 뜨거움이 분출되고 덩달아 눈물도 뜨끈해진다.

'뱅' '팽'도 눈물이 고인다는 뜻이 있지만 **빙**, **핑**과 다른 점이라면 '뱅' '팽'은 나선형의 순환을 그리고 **빙**, **핑**의 순환은 중심은 같으나 지름이 다른 여러 개의 동심원이 평면의 순환을 이룬다. 바깥에서 안으로, 눈꺼풀에서 동공 쪽으로 여러 개의 동심원이 생겨난다. 그중 가장 작고 가운데 맺힌 동심원이 눈물로 맺혀 아래로 흘러내린다.

갑자기 눈물이 글썽해지는 모양을 이르는 **빙**, **핑**은 갑자기 정신이 아찔해지는 모양, 일정 범위를 한 바퀴 도는 모양, 일정 둘레를 둘러싸는 모양 등도 이른다. 모두 구심점이 명확한 말이다. 머리가 **빙**, **핑** 돌고, 마을을 **빙**, **핑** 돌고, 탑 둘레를 **빙**, **핑**

둘러싼다. 이처럼 **빙**, **핑**은 마치 컴퍼스 바늘이 꽂힌 지점처럼 명확한 기점을 가진 말로 모든 뜻이 하나같이 큰 원을 그리는 말이라 '돌다'와 '둘러싸다'와 같은 동사와 짝지어 다닌다.

살다 보면 눈물 돌 일, 머리 돌 일 많다. 숲 한 바퀴 **빙** 돌며 지친 마음 **빙** 둘러 싸매면 **핑** 도는 눈물, **핑** 도는 머리가 잠잠해지지 않을는지.

+
이렇게 써야 제맛!

빙수 먹고 빙, 빙!
차가운 빙수를 먹으면 때로
머리까지 어는 듯 **빙** 돈다.
"빙수 먹고 **빙, 빙!**"은
"고추 먹고 맴맴"과 같은
뜻으로 단 걸 먹으면 달고
쓴 걸 먹으면 쓰다는,
당연한 이치를 다시금
알리는 말이다. 비슷한 말로
'불닭 먹고 피똥'이 있다.

눈물이 핑 돌까요, 정말로!
효녀 가수 현숙의
데뷔곡이라 알려진
「정말로」의 노랫말 일부다.
울 일에는 울어야 하지만
울 일도 아닌데 괜히 아까운
눈물 흘리지 말라며, 웃음이
빙 돌 일인지 모르니 잘
생각해 보라며, 세상의 울보
짬보에게 전하는 말이다.

앉았다 일어날 때마다 입에서는 에고고, 관
절에서는 우두둑 소리가 난다. 바쁘게 하루
를 보내고 다저녁때 꼬르륵 소리가 나는 배
를 안고 지친 걸음으로 터벅터벅 걷다 보면
'아, 먹고 살기 힘들다' 소리가 절로 터져 나
온다. 그럴 때는 조카의 미소가 명약이다.
"이모, 꿀꿀해? 그럼 커피 한 잔 마시고 코
자!"(그럼 잠 깰 텐데!) 비눗방울에 까르르까
르르 자지러지던 세 살 아기가 어느새 마흔
넘은 이모의 어깨를 도닥이는 열 살 어린이

가 되다니. 세월 참 대단타.

어른의 웃음에는 있고 아이의 웃음에는 없는 것은 무얼까. '이와 실'이다. 아이는 앞니 빠져도 그저 **해** 웃는다. 아무 일 없이도 실없이 **헤** 웃는다. 해처럼 해맑게 **해** 웃고, 혀를 내밀고 **헤** 웃는다. 하니 아이의 웃음은 빛이요, 구원이시다.

어른인 채로 아이의 웃음을 띠는 이들도 있다. 그렇게 웃는 모습을 맨 처음 보여 준 어른은 화가 장욱진이다. 헌책방에서 발견한 「뿌리 깊은 나무」라는 잡지에 실린 사진 속 그는 밭고랑 같은 깊은 주름 찬 얼굴로 천진하게 웃었다. 가지고 싶은 것도 없고 먹고 싶은 것도 없이 한세상 그저 웃다가 갈 요량이라는 듯. 실제 그는 해와 달, 새와 나무, 자연을 그리며 청빈하게 살았다.

시인 천상병과 함민복도 비슷한 웃음을 지었다. 맑은 눈으로 환히 웃는 모습은 그들의 고운 시에도 고스란히 배어 있다. 언젠가 시인 함민복의 강연을 듣고 후기를 발표할 일이 있었는데, 소감 대신 시인의 이름으로 삼행시를 낭송했다. "함박 웃어 보자. 민들레처럼 함박. 복된 마음 홀씨 되어 날아가게."

아이는 앙, 왕 울 때처럼 웃을 때도 눈치 보지
않는다. 비웃음, 코웃음, 억지웃음, 쓴웃음 없
이 함박웃음만이 가득하다. 해와 겨루어도
뒤지지 않게 둥글고 크게 빛나는 웃음!

애써 그렇게 웃어 보련다. **해**! 이 책을 읽은
이도 그리 웃으려나. **헤**!

+
이렇게 써야 제맛!

해해, 해!
아이 코를 풀어줄 때 하는
"흥해, 흥!"을 응용한 말로
그럼 정말 아이가 **흥, 흥**
하듯 잘 웃지 않는 어른에게
하기 좋은 말이다. 그럼
정말 찡그린 얼굴 쫙 펴고
해, 해 웃을지 모른다.
말 잘 듣는 아이처럼 말 잘
듣는 어른이라면.

실없이 헤, 실없이 헤!
헤실헤실의 어원을
궁금해하다 혹시 이 뜻이
아닌가 싶었다. '실없이 **헤**!'
어딘가 붙여 놓고 고단하고
쓰라릴 때마다 들여다보고
싶은 말이다. 실리 따져
가며 아득바득 산다고
이자로 행복이 붙던가.
해 웃어야 복이 오고
헤 웃어야 행복이 온다.

223

6장

정지의 말

누르다 숨다 ─ 　　　　꼭 꽉 꾹

엄지를 맞대고 약지를 맞걸며 "약속 **꼭** 지켜!"라
고 할 때 가장 힘주어 하는 말은 **꼭**이다. 이때의 **꼭**
은 '어떤 일이 있어도 틀림없이'라는 뜻의 부사다.
그래서 어떤 일도 없으면서 성의없이 약속을 지
키지 않으면 **꼭** 화가 난다.

의태어 **꼭**도 앞선 **꼭**만큼 자주 쓴다. 야무지게 힘
주어 누르거나 죌 때, 힘들여 참거나 견딜 때, 드
러나지 않게 단단히 숨거나 틀어박힐 때 **꼭** 알맞
은 말. 이별의 상처를 **꼭** 누르고 입술을 **꼭** 다문 채
눈물을 **꼭** 참고, 미련 한 점 **꼭** 처박아 둔다. 언약
이든 증표든 다 부질없는데도 꼭 그런다.

꾹은 꼭과 엇비슷한 뜻이고 **꽉**은 비슷한 듯 다르
다. **꽉**은 힘주어 누르거나 잡을 때, 가득 차거나
막혔을 때, 애써 참거나 견딜 때 쓴다. '안방 화장
실 변기가 **꽉** 막혀 뛰쳐나가려는데 오늘따라 바
지는 너무 **꽉** 끼고 자다 깬 아이가 발목을 **꽉** 붙잡
아 우는 아이 겨우 다시 재우고 이왕 나가는 길에
꽉 찬 쓰레기봉투 온 힘으로 **꽉** 눌러 겨우겨우 **꽉**
묶었는데 결국 터져버려 두팔로 **꽉** 껴안았더니
한여름 사흘 된 똥 기저귀 향기가 사방에 **꽉** 들어

차니 참말 운수 **꽉** 찬 날이로세.'

물리적으로 따졌을 때 **꼭**, **꾹**이 손아귀의 힘 정도라면 **꽉**은 상체나 체중 전체를 실은 힘에 가깝다. 마침 **꽉**의 꼴은 네모난 곽에 **꽉** 들어차게 빽빽하게 생겼다. 터지거나 뚫릴 기미나 여지가 없을 때, 도무지 비집고 들어갈 틈이 없을 때 그 틈을 비집고 네모반듯한 **꽉**이 나타난다. 손가락으로 **꼭** 누르거나 손바닥으로 **꾹** 눌러도 꿈쩍 않을 정도로 **꽉** 찬 여행 가방 끌고 공항버스를 탔는데 빈 데 없이 자리가 **꽉** 찬 데다 도로까지 **꽉** 막히면 덩달아 속도 **꽉** 막히지 않던가.

꼭, **꾹**도 어떤 감정이나 상황을 참거나 견디지만, **꽉**은 슬픔과 괴로움의 정도가 보다 크다. 따끔한 주사는 **꼭**, 모기 물린 가려움은 **꾹** 참지만 출산의 고통은 이불을 **꽉** 붙든 채 이를 **꽉** 물고 죽을 둥 살 둥 **꽉** 견뎌야 한다. 그런 의미에서 **꽉**은 마치 **꼭**과 '악'의 합성어 같기도 한데, 여기

서 '악'은 있는 힘껏 쓰는 기운이라는 뜻
의 명사여도, 갑자기 지르는 소리라는
뜻의 감탄사여도 다 걸맞다. 악 소리나
는 고통을 악으로 버티는 모습에는 **꽉**이
딱이다.

꾹 누른 마음, 사흘을 못 간다!

제아무리 참아도 사람의
인내심은 그리 오래
못 감을 이르는 말로
작심삼일(作心三日)과 같은
맥락의 말이다. 단단한
결심도 사흘을 못 가니
어설피 참으려 애써 봤자
비겁해지기 십상이다.
차라리 솔직하고 당당하게
속마음 드러내면 **꽉**
막힌 속과 마음이 술술
풀리기도 한다.

도라지 꽉 찬 밭에 백 년 묵은 천종삼!

군계일학(群鷄一鶴)은 모여
있는 닭이 학보다 키가
서너 뼘 적기에 가능한
일이다. 반면 도라지나 삼은
길이가 서로 엇비슷하다.
여차하면 한 뿌리에 1억
한다는 그 귀한 천종삼도
1킬로그램에 5천 원 하는
도라지에 꽉 둘러싸여
있으면 맥을 못 춘다.
제 가치를 제대로 빛내려면
제 격에 맞는 자리에서
자라야 한다.

컥은 4장 '만방의 말'에서 다룬 '칵' '캭' '캑'처럼 목구멍에 걸린 무언가를 힘 있게 내뱉는 소리인 동시에 숨이 답답하게 꽉 막힌 모양이다. 숨을 내뱉을 때도 쓰고 숨이 막힐 때도 쓰다니, 들어간 배에도 쓰고 삐져나온 옆구리에도 쓰는 '쏙' '쑥' 같은 말이런가.

하지만 **컥**은 침보다 숨에 더 어울린다. 침을 **컥** 뱉기보다 숨이 **컥** 막혀야 자연스럽다. **컥**이라고 발음하면 정말이지 숨 막히는 기분이 든다. 형태만 보아도 홀소리 'ㅏ'는 소리가 나가는 모양을, 'ㅓ'는 소리가 들어오는 모양을 닮기도 했다.

컥이 의미하는 숨 막히는 상황에서 '막히다'는 통하지 않다, 꼼짝 못 하다 등의 뜻이다. 하여 **컥**은 정지의 말이다. '칵' '캭' '캑'이 목구멍에서 나온 침이 어디로 튈지 모르기에 사방팔방의 방향성을 가진 데 비해 **컥**은 사방이 막혀 오도 가도 못하는 말, 멈춰 버린 말이다.

컥과 비슷한 뜻을 가졌으며 **컥**과 마
찬가지로 일상에서 자주 쓰는 **헉**도
컥의 소리와 맥이 통한다. **헉**은 몹시
놀라거나 숨차 순간 숨을 멈추거나
들이마실 때 쓰는 의성의태어다. 실
제 발음해 보면 **컥**은 들이쉰 숨이 목
구멍에서 막혀 도로 돌아 나오는 듯
한데 **헉**은 **컥**보다 많은 숨이 들이쉬
어지고 그 공기가 기도까지 넘어가
목구멍이 시원해질 때쯤 소리가 멎
는다.

우리말인데 도통 무슨 소린지 못 알아먹겠는 여러 한국어 음운학 서적에 따르면 키읔은 혀뿌리가 여린입천장에 닿는 여린입천장소리(연구개음)이자 소리를 막았다가 막은 데를 터트리며 소리가 나는 터짐소리(파열음)이고, 히읗은 성대나 목구멍을 막거나 마찰시켜서 내는 목구멍소리(후음)이자 소리가 발음 기관의 좁아진 틈을 비집고 나오면서 나는 갈이소리(마찰음)라는 차이가 있다. 이렇게 쉽게 풀어 써봐도 **컥** 소리가 나오도록 아리송하다. 그냥 여러 번 반복해서 발음해 몸으로 이해하는 편이 낫다.

　　컥, 헉은 흔히 쓰는 말이다. 뜻 그대로 놀라거나 숨찰 때, 놀라서 숨이 막힐 때 절로 **컥, 헉** 소리가 난다. 멋진 그림을 마주하거나 그림 같은 음식을 눈앞에 두었을 때처럼 사소한 경탄에도 쓰고, 길에서 정우성을 마주치거나 엄마의 재혼 소식을 들었을 때에도 터져 나온다. **컥, 헉**은 실제 숨이 막히지만 않는다면 자주 쓸수록 좋은 말 같다. 지루한 하루보다 놀라운 순간이 낫지 않나. 뭐, 주가가 또 떨어졌다고? **컥**! 아니, (옆집) 땅값이 또 올랐다고? **헉**!

+
이렇게 써야 제맛!

컥 하지 말라 하니 헉 하는 일곱 살!
지지리 말 안 듣는 인사에게 쓰기 좋은 말이다. 살다 보면 하지 마라, 그만해라 할수록 더 하는 심보 고약한 사람을 만난다. 그가 부모거나 상사거나, 서른일곱이나 마흔일곱이라면 일상에서 **컥, 헉** 소리가 멎지 않는다.

덕이 얇으면 헉이 깊다!
우리 주변에는 청개구리 말고 대인군자도 산다. 덕이 깊은 사람은 모기 보고 칼을 꺼내지 않고, 자라 보고 놀랐다고 솥뚜껑 보고 놀라지 않는다. 발걸음도 깊고 발자취도 크다. 덕이 얇으면 다 반대다. 툭하면 놀라고 여차하면 숨이 멎는다.

237

텅

우리말의 한 글자 단어 중 가장 쓸쓸한 말은 무얼까. 강, 너, 비, 섬? 과연 **텅**의 쓸쓸함을 이길 자字가 있을까. 앞선 명사 는 곰곰이 생각해 봐야 쓸쓸해지는데 **텅**은 듣는 순간 가슴 에 센바람이 스치고 그 바람이 모두 앗아간 듯 허허로움만 남는다. **텅**은 그야말로 아무것도 없다. 없음은 테두리나 경 계도 없어 무엇으로도 가둘 수 없다. 남은 것 없이 그저 **텅** 빈 말이다.

부전승으로 올라온 **텅**에 도전장을 내민 말이 있으니, 휑한 눈으로 나타난 형용사 '휑하다'의 어근 '휑'이다. '휑하다'는 어떤 일을 다 잘 알아서 막힘 없이 환할 때, 구멍이 시원하게 뚫렸을 때, 눈이 쑥 들어가 정기가 없을 때 두루 쓴다. 아예 없지는 않고 조금 휑뎅그렁하다는 점에서 **텅**과 닮았지만 역시 **텅**에는 못 미친다. 휑한 모양은 **텅**의 이전 단계쯤 된다.

'휑'이 떠나 휑한 때 탈탈, 털털이 툴툴거리며 걸어온다. 둘 다 속이 비었을 때, 아무것도 남지 않도록 털어 버릴 때 쓰는 말로 **텅**과 닮은 데가 있긴 하다. 하나 탈탈, 털털은 아무것도 없기보다는 아주 조금이나마 무언가 남았을 때 그마저 털어버린다는 뜻이니 역시 **텅**만 못하다.

저기, 비로소 **텅**에 비견할 말이 나타난다. '딱'이다. 진행하던 일을 그치거나 멎을 때도 즐겨 쓰지만 단호한 행동에도 적절한 딱. "듣기 좋은 꽃노래 좀 딱 그쳐 줄래!" 이처럼 '딱'은 아주 싫은 상황에 쓸 때가 많다. "입에 발린 말, 딱 질색이야!"

연이어 '똑'과 '뚝'이 '딱' 옆에 선다. '딱'처럼 무언가 그치거나 멎을 때도 쓰지만, 다 쓰고 없어진 상황에도 딱 알맞은 말이 '똑' '뚝'이다. '똑'보다는 '뚝'이 더 여러모로 쓰인다. 언행을 단호하게 할 때, 성적이 두드러지게 떨어졌을 때, 거리가 꽤 떨어졌을 때도 '뚝'이 나선다.

조부모와 사는 한 초등학생의 일기에 '똑' '뚝'의 용도가 잘 나와 있다. '집에 쌀이 똑 떨어졌는데 집 나간 아버지와 소식이 뚝 끊겨 뚝 떨어진 먼 마을에라도 가서 쌀을 구하렸더니 하필이면 집 앞 다리가 뚝 끊겨 배도 곯고 시험도 못 봐 결국 성적이 뚝 떨어졌는데 할머니에게는 시치미를 뚝 뗐

다.' 이럴 때 아이의 마음을 표현할 단 한 글자가 바로 **텅**이
다. 역시 **텅**이 갑이다.

　　　여기서 글을 마치려 했더니 막 착륙한 열기구에

서 한 글자가 내린다. 그리고는 이내 다시 떠오른다. '붕'이다. **텅**만큼 허망하기 그지없는 '붕'은 2장 '수직의 말'에서 다루면서 6장에 다시 등장하리라 예고했던 말이다. '붕'은 앞서 소개한 대로 공중에 들리는 모양이면서 무언가 허망하게 없어진 모양이다.

하긴 '붕'이 떠올린 거액은 다시 지상으로 떨어진다 해도 죄 흩어져 도통 못 찾을 듯하다. '붕'은 떠올리는 대상에 비해 매우 큰 힘을 가졌으나 그 태도는 애면글면 힘겹지 않고, 옥색긴꼬리산누에나방의 날갯짓처럼 유연하기만 하다. 『장자』의 「소요유」 편에 나오는 상상의 새 붕鵬의 날갯짓이 딱 그러할 테다.

> 이탈리아 제노바에서 아르헨티나의 부에노스아이레스까지 엄마를 찾아 떠나 봐야 3만 리인데 붕은 물경 9만 리까지 날아오른다. 하여 회오리바람을 타야만 비상하며 한번 날면 반년 동안 땅에 내려앉지 않는다. 이 '붕'이나 저 '붕'이나 하나같

이 예사롭지 않다. 한데 새 '붕'이나 없어지는 '붕'이나 허허롭기보다 허황하다. 허풍이나 해학이 가미되어선지 고독감이 덜하다.

역시 **텅**이 으뜸이다. 우승 소식에 기분 좋아진 **텅**이 팔베개를 하고 침대에 누워 라디오를 켠다. 하필 가수 이승환의 「텅 빈 마음」이 흘러나온다. "내 곁에 잠든 건 지나간 추억, 너무 허탈해." 갑자기 침대 옆 빈자리를 보던 **텅**은 오싹해져서는 냉큼 주파수를 돌린다. "떨리는 수화기를 들고 너를 사랑해. 눈물을 흘리며 말해도 아무도 대답하지 않고 야윈 두 손에 외로운 동전 두 개뿐"이라는 노랫말이 들려온다. **텅**은 공중전화 요금이 20원이었다는 사실보다 이토록 처연한 내용의 노래 제목에 더 놀란다. 015B의 「**텅** 빈 거리에서」. **텅**은 격렬하게 **텅** 빈 기분으로 벽을 보고 돌아눕는다.

+

이렇게 써야 제맛!

꽉 찬 거지, 텅 빈 부자!
'마음만은 부자'라는 말에
빗대 '내장지방 부자', '빚
부자', '빵점 부자' 등의
표현을 하는데, 모두 부자를
꿈꾸는 부자가 아닌 이들의
자학 개그 같다. 한데
아무리 돈이 많아 봐야
마음이 삐쩍 곯았다면 진정
부자라 할 수 없고, **텅**(빈
통)장을 가졌더라도 마음에
덕이 가득하면 그 삶은 진정
풍요로울(까) 테다.

**텅장 보고 복장 터진
장사장!**
사업을 하다 보면 주거래
통장 잔고가 7천만 원일
때도 362원일 때도
있다. 평소 덕이 높기로
유명한 장사장도 이처럼
텅 빈 통장을 보면 복장이
터진다. 거기다 대고
'**꽉** 찬 거지, **텅** 빈 부자'
같은 소리했다가는 욕설로
배 채워 '씨X부자'가
될 수도 있다.

얼마 전 한 드라마에서 시어머니와 며느리의 아주 기똥찬
대화를 보았다.

> 시어머니 : 가경아, 넌 꿈이 뭐니?
>
> 며느리 : 사라지는 거요.
>
> 시어머니 : 사라지면 다 해결되나.
>
> 며느리 : 해결을 안 해도 되죠.
>
> 시어머니 : 좋은 꿈이다.

모든 음절의 받침소리가 바람에 실려 간 듯 선선한 '사.라.지.다'는 한 음절씩 발음하면 더욱 낱낱이 곱다. 실상 사라지다가 스쳐 간 자리에는 공허만이 덩그렇지만. 3년 묵은 체증이나 울산바위처럼 큰 빚이 사라지면야 얼씨구나 춤이라도 추겠지만, 찬란한 꿈이나 희망도 사라지니 그게 문제다. 하여 '사라지다'는 '죽다'의 대용으로 쓰이기도 한다. 이 세상에서 사라지는 게 곧 죽음이니 틀린 말도 아니다. '살아지다'를 발음나는 대로 쓰면 '사라지다'인데 둘의 뜻은 이승과 저승만큼 다르다.

'사라지다'를 표현하는 의태어로는 **쓱**과 **뿅**이 있다. **쓱**은 지나갈 때는 빠른데, 내밀거나 들어갈 때, 문지르거나 비빌 때, 사라질 때는 느릿하다. 자동차가 **쓱** 지나갔다고 하면 '쌩'까지는 아니라도 제법 속도감이 느껴지는 데 비해, 반가운 이가 얼굴을 **쓱** 내밀거나 코 묻은 손을 바지에 **쓱** 닦을 때는 느린 화면을 보는 듯하다. 방금까지 옆자리에 있던 누

군가 **쏙** 사라졌다면 그는 주위 사람
이 눈치채지 못하도록 조심하고 조
용하게 움직인 게다. 이러나저러나
쏙의 뜻풀이에는 '아무도 모르게'라
는 문구를 더해도 좋을 법하다.

쓱은 슬쩍 치고 들어오는 말이다. 속도가 빨랐다면 놀랐을 행동도 **쓱** 하면 괜찮을 때가 많다. 특히 먹고 떨어지라는 돈 봉투라면 턱 내놓더라도, 이문재 시인의「문자 메시지」라는 시(형, 백만 원 부쳤어. / 내가 열심히 일해서 번 돈이야. / 나쁜 데 써도 돼. / 형은 우리나라 최고의 시인이잖아.)에 등장하는 돈 봉투라면 **쓱** 디밀어야 격에 맞다. 단, 내미는 도구가 돈이 아니라 칼이라면 '쑥'이든 **쓱**이든 도로 집어 넣어야 하고.

> 느리게 사라지는 **쓱**을 음속 수준으로 가속하면 **뿅**이다. **뿅**은 갑자기 나타날 때도 쓰지만 갑자기 사라질 때도 쓴다. 상대에게 반해 정신이 나가도 **뿅**이라고 한다. '하늘에서 **뿅** 나타난 누군가에게 한눈에 **뿅** 가기'는 수십 년 키워 온 오랜 꿈이나 오래지 않아 **뿅** 사라질 듯하다.

자, 이 책은 어떠했는가. 한 글자 의성의태어를 다룬 초유의 책으로 **뿅** 하고 나타났는데 **뿅** 가게 좋았는가. 기든 아니든 그럼 이만 **뿅**!

+
이렇게 써야 제맛!

뿅 갈래? 뿅 갈래?
뿅의 여러 뜻을 활용한 말로 앞의 **뿅**은 반하다, 뒤의 **뿅**은 사라진다는 뜻이다. 앞뒤 재 보거나 제대로 겪어 보지도 않은 채 뭘 믿고 한눈에 반해 금세 **뿅** 가다가는 소중한 인맥과 재산, 일상과 미래가 **뿅** 사라질 수 있음을 경고하는 선택형 의문문이다.

올 때는 쏙! 갈 때는 뿅!
느릿한 **쏙**과 빠릿한 **뿅**으로 불후의 명가사 "만나보면 시들하고 헤어지면 그리웁고" 같은 절묘한 대구를 표현하려 했(으나 역시 잘 안 된)다. 월셋날과 달리 월급날은 노상 어디 들렀다 오는 듯하다. 주말과 휴일도 올 때는 나무늘보더니 갈 때는 쏜살이다. 실제 오고 가는 주체와 상관없이 그 대상을 기다리는 마음이 속도를 결정한다.

253

보이지 않는 소리를 보이게 하다

1443년 조선 제4대 임금 세종께서 우리말에 맞는 문자를 만들었다. 당시 백성은 문자를 몰라 쓰고 읽을 수 없었으며 임금은 그 삶이 얼마나 팍팍할지 마음 아파하면서, 무엇보다 글 모르는 백성이 쉽게 배워 쓸 수 있도록 세상에서 가장 쉬운 원리로 새로운 문자를 만들었다. 그것이 바로 훈민정음, 한글이다.

한글은 음양의 이치로 만든 문자다. 봄, 여름, 가을, 겨울의 변화, 사계절 순환의 원리로 세상의 모든 소리를 담았다. 모음은 하늘과 땅, 사람을 나타내는 'ㆍ', 'ㅡ', 'ㅣ' 세 자를 기본으로 위 그림에 담긴 순환의 원리에 따라 세상 모든

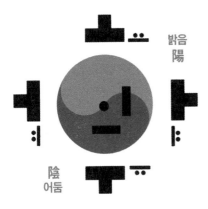

소리를 표기한다. 태극에서 음과 양은 머무르지 않고 회전하며 순환한다. 봄, 여름, 가을, 겨울의 변화(원형이정 元亨利貞)가 자연스레 녹아들어 'ㅓ'는 'ㅏ'가 되고 'ㅗ'는 'ㅜ'가 된다. 'ㆍ'는 중심을 이루며 모든 소리와 삶을 관장한다. 'ㅡ'와 'ㅣ'는 정精하고 동動하면서 'ㆍ'와 어울려 소리를 만든다. 'ㅓ'는 들어오는 소리라 탁하고 음이 되며, 'ㅏ'는 나가는 소리라 밝고 양이 되며, 'ㅗ'는 올라가는 소리라 밝고 양이 되며, 'ㅜ'는 내려가는 소리라 탁하고 음이 된다. 기운이 들어오고 나가고 올라가고 내려가는 것 또한 같은 이치다. 지구가 자전하듯, 음이 양이 되고 양이 음이 되는 이치로 소리를 적는다. '엉엉'은 '앙앙'이 되고 '꼬불꼬불'은 '꾸불꾸

256

불'이 된다. 이 순환의 원리로 희로애락, 생과 사, 닭이 홰치는 소리, 사람이 우는 소리 등 세상의 모든 소리를 적을 수 있다.

소리와 문자는 다르지 않다. 자음은 기본자를 각각 그 소리가 나는 발음기관을 본떠 만들었기에 이기불이理旣不二, 즉 소리와 문자가 다르지 않다는 원리가 작용한다. 무언가를 베거나 썰 때 사용하는 칼을 '카아알' 하고 길게 소리 내면 초성, 중성, 종성이 분리되면서 칼의 쓰임이 드러난다. 초성 'ㅋ'은 음을 형태화한 것인데 소리에서 날카로운 칼의 형태가 느껴지고, 중성 'ㅏ'에서는 칼을 쓰는 사람이, 종성 'ㄹ'은 소리나 형태에서 칼을 휘두를 때 생기는 역동성이

소리에서 자연스럽게 먼저 느껴진다.

활자로 표기된 '칼'은 스위스의 언어학자 소쉬르의 '기표'記
標와 '기의'記意 구분에 따르면 기표가 되고, 붓글씨로 쓴 '칼'
은 의미 작용이 일어나면서 기의가 된다. 이 모든 것은 모
아쓰기를 통해 소리가 나고 문자가 된다. ㅋ + ㅏ + ㄹ로 풀
어 쓰면 소리가 나지 않고 문자가 되지 않는다. 반드시 모
아써야만 '칼' 소리가 나고 문자가 된다. 이것이 음절 3분법
이다. 한 음절을 초성과 중성, 종성으로 나누고 다시 합하
여 음을 적게 한 것은 세상에서 하나뿐인 한글만의 제자 원
리다. 이렇듯 한글의 제자 원리는 이치가 오묘하지만 쉽고
과학적이다.

우리는 살면서 수없이 많은 소리를 내고 듣는다. 지난 1년 동안 나는 그 다양한 소리를 흉내낸 우리말 의성의태어의 의미를 글씨에 담아내는 숙제를 안고 고심했다. 장세이 작가는 그것을 글에 오롯이 살려 냈고 나는 보이지 않는 소리를 보이게 하는 일을 맡았다. 무엇보다 소리가 살아서 입체적으로 걸어 나오며 우리에게 말을 걸게 하는 것, 그것이 나와 글씨의 역할이었다. 그 표현의 바탕에는 한글 제자 원리가 작용한다. 한글은 입체적인 문자니 글씨로도 소리 안의 자연과 우리네 삶의 희로애락을 입체적으로 보이겠다는 결의로 글씨를 썼다. 특히 붓글씨를 쓸 때는 모필의 탄력을 이용하는데, 모필의 특성을 파악하고 붓을 제어하는 방법을 잘 익히면 세상의 모든 소리를 쉽게 보이게 할 수 있다. 소리의 속도, 무게, 크기, 두께는 물론 날카롭거나 둔탁한 특징, 밝거나 탁한 정도 등을 자유자재로 표현할 수 있다. 물론 붓만이 만능 도구는 아니기에 때로는 나뭇가지와 돌 등의 도구도 사용했다. 종이에 따라 글씨의 질감이 다르고 표현한 소리가 다르게 보이기도 하기 때문에 종이도 다양하게 썼다. 이외에도 글씨에서 소리가 보이게 하려고 다양한 실험을 했다. 글 모르는 백성을 위해 세상에서 가장 쉬운 한글을 만들어, 쓰고 읽으며 문화를 즐기고 향유하게 한 세종대왕, 그의 업적은 마르고 닳도록 칭송해도 모자란다.

책의 출간을 앞두고 이번 책을 위해 애쓴 장세이 작가에게 가장 먼저 고마운 마음을 전한다. 늘 좋은 글과 책으로 세상을 보다 밝은 곳으로 나아가게 하는 장세이 작가와의 협업은 기쁘고 참 즐거운 일이었다. 편집 디자인을 맡아 좋은 책을 세상에 나올 수 있게 한 이기준 디자이너에게도, 늦어진 글씨를 넉넉히 기다려 준 유유출판사 조성웅 대표에게도 고마움을 전한다.

573돌 한글날을 기다리며 세종 나신 마을에서
한밝 강병인

오롯 한 글
: 글맛, 글씨맛 나는 한 글자의 세계

2019년 11월 4일 초판 1쇄 발행

지은이
장세이, 강병인

펴낸이	**펴낸곳**	**등록**
조성웅	도서출판 유유	제406 - 2010 - 000032호 (2010년 4월 2일)

주소
경기도 파주시 책향기로 337, 301 - 704 (우편번호 10884)

전화	**팩스**	**홈페이지**	**전자우편**
031 - 957 - 6869	0303 - 3444 - 4645	uupress.co.kr	uupress@gmail.com
	페이스북	**트위터**	**인스타그램**
	www.facebook .com/uupress	www.twitter .com/uu_press	www.instagram .com/uupress

기획	**편집**	**디자인**	**마케팅**
장세이	사공영, 김은경	이기준	송세영

제작	**인쇄**	**제책**	**물류**
제이오	(주)민언프린텍	(주)정문바인텍	책과일터

ISBN 979 - 11 - 89683 - 23 - 8 03710

이 도서의 국립중앙도서관 출판시도서목록(CIP)은 서지정보유통지원시스템
홈페이지(seoji.nl.go.kr)와 국가자료공동목록시스템(www.nl.go.kr/kolisnet)에서
이용하실 수 있습니다.(CIP제어번호: CIP2019040603)